纵横精华·第四辑

洋人生活在中国

刘未鸣 韩淑芳 主编

中国文史出版社

目 录

福开森在中国的足迹

张科生

2001 年初，位于北京国子监的首都图书馆开始准备搬迁新址了。在收拾整理馆藏图书的过程中，管理人员发现了大批珍贵的老照片，尽管已沉睡了半个世纪以上，但影像依旧十分清晰。在众多的景物和人物照片中，有一个外国人的影像最为突出，他是谁？人们通过与照片相关的文字，很快发现，他的中文名字叫福开森。福开森，何许人也？

与中国政、学两界的交往

约翰·福开森（John Calvin Ferguson），1866 年生于加拿大安大略城。其父为一教会牧师，大约生下福开森不久即举家移居美国。1886年，20 岁的福开森从波士顿大学毕业，获文学学士学位，旋即与一女子结婚，而后，即踏上前往中国传教的征程。关于福开森来华前的情况，人们知道的仅此而已。

福开森之所以会来中国传教，应该与美国当时的教会现状有关。

1870—1920 年，美国的基督教新教兴起了一种所谓"社会福音"（The Social Gospel）的自由主义神学主张。信奉"社会福音"的人认为，只讲个人得救的福音是不够的，还需传扬改造社会的福音；需将《圣经》所教导的"爱"和"公义"的道理贯彻于社会生活中；赞成改良主义，提倡教育、社会服务和社会政治改革。或许，福开森就是在这种自由主义神学的感召下"出使"中国的。1886—1943 年，福开森在华近 60 年，可以说，他的一生是在中国度过的。追踪福开森在中国近 60 年的足迹，似乎时刻都与这种使命感相关联。

1886 年，新婚宴尔的福开森携夫人不远万里来到中国。他们先在镇江学习汉语，第二年到南京。起初，为了传教方便，就在自己家中开课。据说，其居所在今南京估衣廊一带，附近有基督教美以美会教堂。学生仅数人，传授课程以《圣经》为主，英语、数学、国文为辅。主要由福开森夫妇授课，另聘中国教师讲授国文。虽然规模很小，称不上学校，但与当时教会学校讲授的功课几无差别。

1888 年，美国美以美会传教士傅罗（Flower）在南京创办"汇文书院"（The Nanking University），诚邀福开森合作并推荐福开森为院长。从 1888 年至 1897 年，福开森担任汇文书院院长时间长达九年，对该院的创立和发展贡献颇多，为中国社会培养出一些人才。

汇文书院是南京第一所高等学府，也是中国最早的大学之一，至今已 116 年。当年书院的办学目的是："教授高级科学课程，以便在中国知识界获得一席之地。"书院内设博物院（文理科）、医学馆（医科）、圣道馆（神学），并设有附属中学、附属医院等。

汇文书院第一幢建筑为一座三层楼洋房，又称钟楼，由福开森亲自设计督造。时值清朝末年，南京房屋建筑均为单层平房，这座鹤立鸡群的楼房被市民视为奇观。又因系洋人所建，故时人称之为"三层楼洋行"。如叫马车或人力车去汇文书院，车夫未必清楚，但说去"三层楼洋行"，则无论远近，无人不晓。以后数年内，书院又陆续添建了礼拜堂、青年会堂、教室、宿舍等，主要建筑增至六座。南京大学存有一张110多年前画面已泛黄的老照片，留下了当时书院建筑群的缩影。

汇文书院的地址在南京干河沿，今南京金陵中学校址为其所在地，而金陵中学也以汇文书院为其前身。110多年过去了，所幸的是，钟楼和青年会堂尚存。钟楼曾于1920年发生火灾，扑灭后进行过改建，故外观与初建时有些不同。现为金陵中学校史陈列馆，青年会堂现为学校图书馆。

汇文书院创立之时，中国的科举制度尚未终结。书院的创办对中国近代高等教育的发生、发展，对培养新型高级人才具有积极而深远的影响。汇文书院为后来的金陵大学奠定了基础。1910年，汇文书院与宏育书院合并，扩充为金陵大学，而金陵大学即今南京大学的前身之一。

1896年，李鸿章幕下重臣盛宣怀拟在上海创建南洋公学（后改称南洋大学，即今上海交通大学），敦聘福开森出任南洋公学监院之职，参与创建工作。于是，福开森辞去南京汇文书院院长之职，于翌年转赴上海就任。

1897年至1902年，福开森担任南洋公学监院计有五年之久，所谓监院，英文为president，即主席或院长，当年主要负责校舍的建设、设备的选定、课程的设置、教师的聘用等。福开森亲手设计了中院和上院——学院最早的两幢建筑物。

南洋公学与汇文书院不同，它是中国人自办的学校，故聘用了许多著名的中国学者任职任教，如吴稚晖、钮永建、章太炎、蔡元培、张元济等。借此，福开森扩展了与中国学人与士绅的交往。

盛宣怀赏识福开森的博学多才，除公学事务外，其他新政事务也常相咨询。1901 年，盛宣怀委派福开森赴美，交涉有关铁路事务；1902 年至 1903 年，福开森曾奉派参与修订中国对日对美条约。

因其学识与声望，福开森于 1898 年还曾受聘为两江总督刘坤一的顾问；1900 年起又兼任湖广总督张之洞的顾问。

福开森离开南洋公学后，在 1903 年至 1906 年，曾被盛宣怀聘为督办铁路公所的洋顾问（在上海）。盛宣怀出任清廷邮传部大臣赴北京上任后，福开森又应聘为邮传部顾问，遂转至北京，住北京顺治门内松树胡同西口，未央胡同路东，直至 1911 年盛宣怀被贬黜时为止。

1910 年，中原大旱，任华洋义赈会会长的福开森以其影响力募得赈灾金约 100 万美元。为酬劳福开森，清廷封赐给他二品顶戴。

民国初年，福开森曾历任袁世凯、黎元洪、段祺瑞、冯国璋、徐世昌等总统府、总理府的政治顾问。先后担任过亚洲文会会长、华洋义赈会会长等职。

1921 年 11 月 12 日，华盛顿会议召开，有关中国问题甚为重要。福开森奉派作为中国代表团成员与顾问参与会议，会议的重要议题之一为遏制日本在中国的扩张。

接办《新闻报》

1899 年 11 月 4 日，福开森路过英国领事公堂，看见英商《新闻报》推盘拍卖的广告。《新闻报》是英国人丹福士创办的华文报纸，始创于 1893 年。由于经营不善，六年后被迫拍卖，以偿还债务。福开森经竞拍以廉价买下《新闻报》的全部产权，《新闻报》由此进入福开森时代。

此时的福开森在华已逾 10 年，虽能操一口流利的汉语，但毕竟是外国人，对于中国社会各阶层特别是企业界的真实情况，依然有隔膜。不过，福开森有他的用人之道，他选中两名华人负责报社工作。原南洋公学总务汪汉溪，因办事谨慎、勤勉，在财务上一丝不苟，深得福开森信任，被任命为总管，后又提升为总经理。金煦生原为福开森的学生，文笔极佳，被任命为总主笔，负责编辑。

汪汉溪为报答福开森的知遇之恩，对发展《新闻报》殚精竭虑，立下了汗马功劳。当时上海最大最有影响的报纸是《申报》，《新闻报》则相形见绌。1893年以后，丹福士的《新闻报》虽然打破了《申报》的垄断地位，但并不能与《申报》抗衡。1899年以后，福开森主办下的《新闻报》为与《申报》争夺读者，将新闻的重点放在经济方面，在市场动态、商品行情的报道上不惜笔墨，不吝费用。很快在商界和市民中赢得了青睐，发行量扶摇直上，在上海埠内终于超过《申报》，在国内也成为与《申报》齐名、颇具影响的大报。

福开森接办《新闻报》之初为独资经营。后来，为结交上海商界人士，借力扩张声势，招揽广告，就将报社改组成股份制。但实际上他仍占大股，其他股东所占份额只有30%。

从1899年至1929年，福开森主宰《新闻报》长达30年。1928年底，该报资产已达70万元，成为当时在中国经营管理最好的一家报纸。

因福开森在上海的声望和影响，一条马路被命名为福开森路（现武康路）。

文物收藏与研究

福开森来华后先在南京居住多年，能说一口极流利的南京话，且对中国文化兴趣浓烈。后因出任邮传部顾问而移居北京（平），自此更专心研究中国文化，特别热衷鉴别与收藏中国古董字画，且著书立说，专论中国艺术品和古代文物。福开森对中国文物研究之深，使他成为故宫博物院文物鉴定委员会中唯一一位洋委员。

福开森也是北京（平）琉璃厂古玩店的常客。遇有所好，往往不惜重金收购。所获金石、书画、瓷器等古玩甚丰。在其东城喜鹊胡同 3 号大宅，历代中国文物琳琅满目。

1934 年，福开森做了一件足以让世人改变对他收藏中国文物看法的、令中国人永远怀念的大好事，他无偿地将自己个人家中数十年的收藏全部捐赠给了自己一手创办起来的金陵大学（汇文书院的后身），总数计有上千件之多，其中多为名贵文物，包括商周青铜器、殷墟甲骨、古陶瓷和古书画等。这批文物曾一度保存在故宫博物院，20 世纪 50 年代初交回金陵大学的后身南京大学。回到南京大学后，这批文物或长期尘封在仓库，或仅在考古教研室小范围陈列，从未对外开放过。即使南京大学的师生也难睹其风采。值得庆幸的是，2002 年，在筹备建校 100 周年庆典的过程中，南京大学考古与艺术博物馆成立了，福开森的赠品终于获得正式展出。尽管没有具体标明哪些展品是福开森赠送的，但展品中 70% 以上均为福开森所赠却是不争的事实。一幅南唐画家王齐翰（晋卿）的《挑耳图》，价值连城，成为该馆的镇馆之宝。

福开森的部分收藏品陈列于美国纽约大都会博物馆，他也是该馆的名誉委员。

福开森绝不仅仅是喜欢收藏古玩而已，他对中国古代文物研究的造诣之深，不仅在西洋人中是佼佼者，而且绝不亚于他的中国同行。

福开森利用美国退还的庚子赔款，即文化基金会资助，聘请多位中国文物专家共同编纂了《校注项氏历代名瓷图谱》（1931 年）、《历代著录画目》（1933 年）、《西清续鉴乙编》《历代著录吉金目》（1938 年）、《艺术综览》《紫窑出土记》《得周尺记》等专著。这些专著既为研究中国文物提供方便，也为西方国家了解中国文物提供导向。福开森为中西文化交流做出了贡献。

"二战"中的境遇

福开森夫妇生有五男四女。1914 年，他曾举家返美，并在马萨诸塞州（麻省）波士顿购得一处住宅，当时为子女就学计，似拟久居，但他本人仍频繁往来于中美之间。

1919 年，福开森又偕夫人与女儿玛丽回到北平，自此，长期居住在东城喜鹊胡同 3 号。玛丽后入协和医院供事。其他儿女仍留居美国。

1937 年卢沟桥事变后，福开森夫妇与女儿仍蛰居北平，但夫人身体状况日下，于 1938 年 10 月病故。

日军占领北平后，爱国将领张自忠成为日军追捕的目标。他先躲进德国医院，但发现许多人都认识他，并不安全。这时，张自忠想到了福开森。他派手下到东城喜鹊胡同 3 号与福开森接洽，福开森慨然允诺。次日，张自忠即秘密转移到福开森家中。为提防被人认出，福开森特意将张自忠化装了一番，让他身穿长袍，扮成学者模样。9 月 3 日，为逃离北平，福开森又将张自忠打扮成工人模样，乔装司机副手，乘美国人"甘先生"的私人轿车，安然逃出北平。

1941 年 12 月 7 日，日本偷袭珍珠港，太平洋战争爆发，尽管在华美籍人士处境骤变，但福开森父女并未离开私邸。1943 年 5 月，日本原拟将在华美侨统统送往山东潍县集中营，但因福开森年事已高，获准与其他老弱留居北平英国大使馆。同年 9 月，日美开始交换侨民。12 月，福开森父女乘美国接俘船返美。所有北平故居一切财产、积年所藏书籍，乃至个人记述文字等，全部未能带出。想福开森高年受此打击，必时时牵挂于北平故居。回美两年后，他于 1945 年去世，终年 79 岁。从首都图书馆发现福开森大批照片和书信来看，其家中遗物似未曾散失殆尽。但这些遗物曾经经历了怎样的坎坷，现已难以考证。

　　福开森在华前后计57年，对中国社会颇具影响。客观地说，他对中国的教育事业、新闻事业、中美文化交流，均有一定贡献。他集教育家、报业大亨、政治顾问、文物专家、慈善家等多种头衔于一身，享誉颇高，被收入《影响中国历史的一百个洋人》一书。

　　如今，矗立于南京金陵中学校园内福开森亲手设计的"钟楼"、上海交通大学校园内福开森亲手设计的教学楼（中院），已逾百年沧桑；福开森捐赠的文物已突破尘封，向世人展示，这都是对福开森最好的纪念！

福开森捐赠文物始末

張科生

1935 年 7 月 1 日，北平发生了一件轰动文化学术界的大事，一个名叫福开森的美国人将其毕生收藏的巨量中国文物赠予中国，并在故宫文华殿公开展出。由于媒体广为报道，一时传为佳话。藏品共千余件，分为七类：铜器、玉器、陶器、瓷器、绘画、墨迹、碑帖。据专业人士估计，市值达四五百万银圆。当时的《大公报》称：如此慷慨捐赠大批文物的，在我国堪称空前之举；故都文化教育界及一般市民，皆倍感兴奋。

福开森其人

福开森（John Calvin Ferguson，1866—1945），在清末及民国年间，即已跻身学界名流。在教育界，他创办了金陵大学（今南京大学的前身之一），参与创办了上海交通大学；在新闻界，他曾经是清末民初上海《新闻报》《新晚报》的老板；在文物界，他是著名的收藏家、文物鉴定家。他曾先后担任两江总督端方、刘坤一和张之洞的顾问，与洋务派重臣盛宣怀过从甚密，曾被聘请担任历届北洋政府的顾问。他成立华洋义赈会，1910 年中原大旱，他以其影响力募得赈灾金约 100 万美元。为酬劳福开森，清廷封赐给他二品顶戴。他参与中国红十字会建设并使之与国际接轨。福开森在华前后计 57 年，对中国社会颇具影响。

对文物兴趣的发端

随着在中国居住时间的延长，福开森对中国文化特别是文物兴趣渐浓，他能说一口极流利的南京话。自 1906 年随盛宣怀北上北平后，又学会说一口流利的京腔。他不仅有中国名福开森，还学了中国知识分子的样子，取字茂生。他先（1906 年）住顺治门（今宣武门）内松树胡同西口未央胡同路东。后（1919 年）定居东城区喜鹊胡同 3 号。自 1911 年辛亥革命以后，开始专心研究中国文化，特别热衷鉴别与收藏中国古董字画。据文物市场的老人回忆，福开森是北平琉璃厂古董商的常客。他去的时候，或穿靴帽袍套、马蹄袖，俨然像个清廷官员；或穿长袍马褂，套布袜，蹬千层底布鞋，悠然如一位中国绅士。遇有所好，往往不惜重金收购。所获金石书画瓷器古玩甚丰。据说，在其东城喜鹊胡同 3 号大宅，历代中国文物琳琅满目，不啻为一小型博物馆。

捐赠文物的发端及其用心

福开森捐献文物的意向发端于 20 世纪 20 年代末。据金陵大学陈裕光校长回忆，20 年代末，每年福开森到南京来参加校董会，就住在陈校长家。在闲谈时，陈校长问起福开森要留个什么给金陵大学作纪念，福开森说我没有什么东西，就是有些古玩。又一次，福开森问陈校长，他自己的古玩是捐献好？还是拍卖好？陈校长建议说，你是汇文书院的创办人，又是金陵大学的第一任校长，一贯致力于中国文化教育事业，将古物赠送给金陵大学是最好的纪念。从 1930 年陈校长赴北平接洽福开森捐献文物来看，福开森此时已决定将自己的收藏捐赠给金陵大学。

1934 年，《大公报》在得知福开森捐赠文物的消息后这样报道："美人福开森氏旅华数十年，对我国教育文化事业颇多赞助。福氏对于金石书画研究，颇感兴味，收藏名贵古物达千余件。福氏以其尽属中国珍品，雅不愿携之返美，更不欲长此秘藏，作私人财产，遂于去岁决定完全捐赠金陵大学。因该校现无适当保存地点，特商由北平古物陈列所先行代为保管，并公开展览，以便中外人士之研究。该所接受福氏古物后，已在文华殿特设福氏古物馆。"

由于接收方金陵大学不具备展览条件，所以福开森与北平古物陈列所协商，由其先行代为保管，并公开展览。

福开森在展览会开幕前对《大公报》记者说："本人醉心中国文化，以此为至乐而至有兴趣之事，因金陵大学乃余所手创，故多日前即决定以所藏中国古物千余种，捐赠该校，以垂永久。嗣因该校无适当房屋，于是乃商得古物陈列所所长钱桐氏之同意，将该项古物暂寄存该馆陈列，以公诸大众，至金陵大学房屋落成为止。此项古物在古物陈列所内，将于文华殿内陈列，盖文华殿乃前时中国文化上至尊至高之地方。"

展出前半年　媒体已关注

福开森捐赠文物一事，早在半年前的 1934 年 12 月就引起媒体关注。12 月 14 日《大公报》在国内新闻版刊载一篇《北平通信》，报道的标题为：福开森博士所藏中国古物寄存古物陈列所，副标题为：原为捐赠金陵大学之物最古者为夏商时代陶器。

报道称，昨日该报记者，驰电致贺福开森对中国的好意，以及我国民众对他日益增加的景仰。随即被召前往，旁听他与古物陈列所代表的会商，并且说，从自家宅邸向古物陈列所搬运古物，定于明日（12月14日）开始。记者应召前往时，古物陈列所的两位科长及一位科员已先在座。福氏首先将盖有内政部大印的契约展示给记者，然后又展示了千余种古物的总目录，并对记者谈及捐赠原委、契约及赠品类别。记者当即提问：外传古物共有2000余件，并传福氏行将返美，故有此举，是吗？福开森回答：只有1000余件。至于说到返美，完全是无稽之谈。

《北京晚报》同一天也报道：福开森所有古物慨然赠予金大，得诸中国，还诸中国，暂寄存古物陈列所，赠予草约已签订，明春公开展览。报道称：美国人福开森博士，旅华多年，收藏古物概属珍品，现因年事日高，明年即将七旬大庆，本着"得之于华，公之于华"的心理，将40年来需费300万元购置的千余件古物，赠予南京金陵大学。但是，因为该校现无适当建筑用以存放，故经福开森与内政部古物陈列所主任委员钱桐商洽，将先在该所陈列。经钱桐请示内政部，内政部表示十二分欢迎，同时，拟对福开森慷慨捐赠无价古物予以褒奖。记者于今晨往访古物陈列所主任委员钱桐，承其接见，并获得福开森与金陵大学以及古物陈列所签订的"赠予及寄托草约"，准备近期披露。

展出前后的报道

1935年6月30日，即展出前一天，《大公报》的北平通信报道：福开森古物明日开馆展览，定今日招待各界参观，文华殿中极优美文雅。报道内容则主要涉及展出的珍品以及古物陈列所所长钱桐的谈话。

据钱桐说：故宫博物院与本所古物南迁后，北平方面已无一件铜器可供陈列，本所只有瓷器可供研究，很不完备。现有福氏古物参加陈列，可以说，铜器字画无一不备。武英殿原已堂皇富丽，现文华殿又因福氏赠品而优美文雅。福氏古物中，《王齐翰挑耳图》与宋拓《土右军大观帖》，的确为最有价值文物，是研究字画者必拜的宗师，这两件文物的价值，至少可值百万元。福氏全部古物系数十年心血结晶，购买用去一百五六十万元，现在估计值四五百万元。甚望国人对于有价值的古物，万勿私有，唯有捐献给公共机构，才能永久保存。福开森此举，非常值得效法。福开森古物共千余件，现在陈列者约五百件，其余以后随时更换陈列。

展出当天（7月1日），《大公报》又报道了6月30日下午预展的情形：4时许，福开森博士与钱桐所长等亲临现场招待，各界名流学者及来宾约300人陆续进馆。外交界有美国大使詹森夫妇、日本使馆参事官若彬、参赞清水及程锡庚等，学术界有马衡、沈兼士、梅贻琦、李麟玉、吴贯因、顾颉刚、洪煨莲、李书华、容庚、郭葆昌、刘衍准等，政界有谭秉训、周起凤等，名流有江朝宗、周秉详及妇女界王子文夫人、康同璧女士等，金陵大学特派金仲藩代表参加。福开森周旋于来宾之间，侃侃叙述收集经过，兴致勃勃，毫无倦容。梅贻琦、若彬等，在《王齐翰挑耳图》陈列处参观最久。马衡说，王右军的大观帖故宫虽有，但确实不如福氏所藏。来宾在殿内各处参观后，在集义殿用茶点，至6时许方散。

展览期间，《大公报》曾两次辟专版介绍福开森捐赠的文物，对福开森的捐赠行为进行评价。刊于周末副刊《艺术周刊》，题为"福开森博士藏品赠华纪念特辑"。分上、下两期刊出，即占用了两次周末版。当时《大公报》幅面与今天的大报一样，是对开的，每天共12版或16版，而福开森的特辑每次都占两个整版，两次即用了四个整版。这样的规模恐怕在《大公报》的历史上也不多见。

特辑内容包括：

福开森博士传略

略书福开森博士设立古物馆之意义钱桐

赠予及寄托草约美籍福开森金陵大学校长陈裕光内政部古物陈列所主任委员　钱桐

得周尺记　美籍福开森

文华殿福氏古物参观记略　平凡

福氏所藏中国古铜器　中舒

福氏赠华国画选述及感想　秦宜夫

记福氏古物中之至宝　马衡

大观帖第六卷榷场残本考　玉凤

福开森对于每一器物皆有四项登录：一、原物均有拍照；二、可拓的均有拓片；三、有文字描述，如玉质、铜质、长、高及形态、颜色等；四、有考证，每一器物多曾经过海内知名金石学家、文字学家，以及收藏家的研究，福氏再对其年代、出处等做最后判断。此外福氏还对各器物的既往收藏者，在可能范围内给予记载。同时，各器物均有英文说明。

当时的文物专家认为，福氏这种收藏方法，实在可以说是井井有条，相对我国老式收藏家的随意摆放和茫无秩序，已不可同日而语。即使国外各大博物馆院，著名的如伦敦博物馆、波士顿美术馆等，所用方法也不如福开森缜密。文物专家建议，我国保管古物的机关，尤应于短期内，全依福氏方法将所有古物加以详细登录。只有做到这一步，才谈得上永久保存。近年来古物舞弊及失落案所以层出不穷，即因为保管方法不善。因此，舞弊等就不易发觉，即使发觉也不易查清。若按福氏所用方法登录，则可望根除舞弊失落等祸患。

这次展览的布置由福开森亲自设计，采用欧美博物馆最新陈列方法，光线合度，古朴淡雅，所以比武英殿另有一种气象。

福开森捐赠的最重要的文物有：

殷墟甲骨。系福开森得自刘鹗的藏品。刘鹗是清末著名小说《老残游记》的作者，同时也是甲骨的收藏和研究大家。他著有第一部关于甲骨文的著作《铁云藏龟》。福开森捐赠的殷墟甲骨（据说有几十片）还曾由金陵大学的商承祚教授研究，并著有《福氏所藏甲骨文字》一书。

《王齐翰挑耳图》，又名《勘书图》。此画的画面上钤有南唐后主李煜的"建业文房之印"，并有宋徽宗赵佶的题字。画后还有北宋文学家和书画家苏东坡、苏子由兄弟和王晋卿四人题跋，为当代画卷绝品。此画流传有序。清末由两江总督端方收藏，辛亥革命后转入福开森之手。

《王右军大观帖》。此帖为北宋大观年间，以内府所藏王羲之真迹摩勒上石后的原拓本。此石刻毁于宋金战乱，故原拓本流传极少。后经清代金石学家翁方纲长期揣摩考证、清末状元张謇等题跋，故为传世碑帖中的精品。

小克鼎。小克鼎是福开森捐赠品中最为珍贵的一件西周青铜器。克鼎原为一套，计有大鼎 1 件、小鼎 7 件，是西周孝王时期的青铜礼器，因其规格上的差别，便分别被称作"大克鼎"和"小克鼎"。大克鼎与其中一件小克鼎现藏上海博物馆，为该馆的镇馆之宝。而南大的这件小克鼎，带有铭文 70 余字，有着极高的研究价值，堪称南大博物馆中最具分量的一件西周青铜器。

周尺。1933 年洛阳金村周墓中曾出土一铜尺，被福开森购得。福开森撰《得周尺记》云："其形如西域所出之木简，一端有孔，可以系组，分寸刻于其侧，惟第一寸有分，其余寸无之，当五寸之处，并刻交午线。"

当时对福开森捐赠文物的评价

《大公报》对福开森的举动予以高度评价：此举乃福氏对中国文化无上之好意，而亦为我国文化史上从来未有之事也。吾人之钦佩福氏道德学问，此后益将有增无已。假若艺术是艺人人格的表现，从一个收藏家的收藏，我们也可以看见他那个人。在一个收藏家把他的收藏公诸社会，以作其为人之最高表现时，他的杰作是完成了。他这常和艺术品混在一起的生命自身，也就是最可珍的艺术品。这样的人，咱们中国似乎还没有。

在中国，这样的人必得有，若是中国的文明还有继续下去的希望的话，必得继续光大下去的话。

《大公报》社评：

> 以此等大批古物慨然输捐者，在我国堪称空前之举。
>
> 再次，福氏慨然以大批古物捐与我国，对中外人士均可做一个好榜样。我国人除极少数之知名学者如梁任公（梁启超）等曾以图书捐赠社会外，依惯例概均将收藏悉数遗诸后人。此种方法实最坏。子弟本不必为不肖，而过丰之收藏反足以诱之使然。子弟既落败，则多年之收藏可以沦于一旦。中国社会上不知有多少名门望族、卓著的收藏家，全系由此道颓败。福氏个人即能列举自晚清至今日一时之友好家庭如此穷落者至十数起之多，其脱手物且多有被彼收购者。吾人认为，此种循环剧之续演，各望门固自吃亏，即对社会亦系一大损失。因古物无定价，每有买卖，辄必容奸商渔利，且每因转移搬弄或收藏不当，使原物受损碰污毁。然若以古物视为一种社会遗产，而不

当作一家之遗资看，则上述各弊均可避免。

末了，我们愿与今天参观展览的人们，共同谢谢福开森博士！这千余件古物的金钱价格如何，还是较小的问题，其搜集、审定、收藏，经多少年的努力，成功这样一个伟大的积蓄，真正不是一件容易的事。况且收藏由嗜好而来，一生嗜好之物，全部撒手，归诸公众，这尤其是常人所难。更可感者，福开森博士将其一生心血智慧的结晶，不传给子孙，不带回美国，而仍然留在中国，教中国青年们，得以永远借着福开森博士考古审美的智识，来欣赏他们祖国的文化。福开森博士这样的胸襟，一方面为收藏家树立一个很好的模范，一方面则因此证明福开森博士，真能爱中国文化，爱中国，爱中国人！从今天起，在北平参观展览的中外人士一定会一致赞扬福开森博士这种光风霁月的襟度，而在北平今日得看见这种展览，恐怕更能令人发生几许不可名状的感情。

对于福开森捐赠文物，民国政府根据当时的法规，给予奖状：

行政院呈据外交教育两部会呈，为私立金陵大学校董美国人福开森捐助该校古物千余种，价值数百万元，核与捐资兴学褒奖条例第五条之规定相符；请予嘉奖一案。转呈鉴核施行等情。福开森热心教育，慨捐巨资，洵堪嘉尚，应予明令褒奖，以昭激劝。此令。

抗战以后的沉寂

抗战开始以后，福开森捐赠的文物似乎仍保存在故宫博物院。值得庆幸的是，它没有丢失。唯一遗憾的是，它沉睡的时间太长了。

1947年8月，古物陈列所归并故宫博物院，古物陈列所即将取消，关于福开森捐赠的文物应怎样处置，故宫博物院、古物陈列所、金陵大学和福开森的女儿福梅龄女士，共同进行了磋商。故宫博物院经过核查，实际已经暂行接收代管了这批文物，但对于是否继续在文华殿陈列，则未予同意。而且博物院认为，它没有义务履行以前古物陈列所订立的合同。也正因为如此，故宫博物院一直催促金陵大学运走这批文物，尽管金陵大学一直没有条件接收。这一耽搁，福开森捐赠的文物又沉寂了两年，一直到1949年10月。

据李小缘先生（原金陵大学图书馆馆长、金陵大学中国文化研究所所长）之子回忆："1949年10月，父亲等一行四人到北京正式接收古物。运回南京后办理了清点手续，由文学院几个系各派一名教授参加，一一清点对账，并作了一次公开展览。"

此后，它就开始沉寂在南京大学北园一幢老教学楼的顶层。多少年来，这间房子只是作为南大考古专业的教研室，从未对外开放过。因此，许多南京大学的师生并不知道铁门里紧闭着的秘密，甚至考古专业的学生，也难以一睹其风采，更何况一般公众。就这样，它一直沉睡到2002年，时间长达半个多世纪。

古物开始从沉睡中苏醒

2002年，是南京大学建校一百周年，福开森捐赠的一件件尘封已久的文物，终于开始苏醒，告别狭小拥挤的"仓库"，部分搬进了南大北园新建的田家炳楼四楼中的南京大学考古与艺术博物馆，与其他文物一起展览。一扇封闭多年的大门，逐步向世人打开了。

大冒险家哈同与他的中国妻子罗迦陵

张 威

1843 年，上海被迫向外国打开了大门。在此后若干年里，无数洋人冒险家蜂拥而来，其中有一个巴格达流浪汉的卑微身影。1873 年，年仅22 岁的哈同（Silas Aaron Hardoon，1851—1931）身揣几块龙洋来到上海碰运气。当时在"十里洋场"上的逐浪者数以千计，竞争是你死我活的，要么成为佼佼者，要么就葬身鱼腹。哈同从沙逊洋行的看门人做起，兢兢业业，一心挣钱，别无他顾。他苦学上海话，广交朋友，贩卖鸦片，炒卖地产，聚敛财富，10 年之后，这个犹太人的后裔成了黄浦江畔有名的大班。

1931 年哈同撒手归天时，他的家产有 400 万英镑之巨，他的不动产计有：土地 449 亩，市房 812 幢，住房 544 幢，办公大楼 24 幢，旅馆饭店 4 幢，仓库 3 座，此外还有大量的金银首饰、珠宝玉器、历代陶器和铭刻。他的地产占了南京路的半条街，其中包括全国最大的私家花园——爱俪园。

近一个世纪以来，哈同在中国的冒险经历为生意人啧啧赞叹，这个远东第一富翁的精明和投机成为商界效仿的样板。然而，我们这里要说的不是他如何在上海实现自己的发财梦，而是他和一个中国女子的情史。

哈同显然是近代史上与中国人联姻的先行者之一。犹太人的精明、务实精神和爱财如命使他在上海滩出淤泥而不染，处温柔乡而不淫迷。他的座右铭是："……无声色犬马之嗜，饮至薄醉而止。"在初到上海的十几年中，他没有染指任何一个女子。很长时间以后，他才相中一个叫罗迦陵的卖花女郎。

据说，哈同遇到罗迦陵是非常偶然的。1875 年，哈同住在上海石库街一带，此地是一个商人、职员、艺人和青楼女子的混居区。当年哈同已升任为沙逊银行代理，又刚刚做成一笔地产生意，正是"春风得意马蹄疾"。一天，他在急急下班回家的路上被一名卖花女郎拦住。要在以往，他会很快地挥挥手拒绝。但此时他却不假思索地从口袋里掏出一把钱。对他来说，这是平生第一次奢侈。那卖花女递过去花，人却不走，还咻咻笑起来："先生不去寒舍坐坐吗?"原来，卖花女都是些青楼女子，卖花只是掩护而已，不谙此道的哈同却没有悟出来，但热烈的邀请使他正眼打量少女。他忽然就呆住了，眼前的女子实在是俊俏鲜灵，如出水芙蓉一般。而且，她的脸庞似乎有一层神秘的光环。从来不近女色的哈同在今天又破了个例，竟鬼使神差地跟着那女子走了，跟着她进了一幢房子，在那里坐到深夜。这女子不但模样可人，还特别善解人意。哈同此时已意识到卖花女的背景，却不以为意，仍然被其强烈吸引。卖花女正是罗迦陵。罗曲意逢迎，百般风情，当然只是由于职业习惯而已。哈同临走时，留下 10 块光洋，丢下一句话："哎，姑娘，我要娶你，而且我要明媒正娶。"他说的是上海话。

罗迦陵的身世有几分神秘。神秘就神秘在她从未对外界披露过她早年的真实经历。据一些研究者考证，罗的父亲是个法国水手，罗是这个法国人与一位上海女子的私生女。但鲁川的《哈同传》认为罗迦陵的父亲是个中国人。按照鲁川的说法，罗母姓沈，原籍福建，自幼随家人定居上海浦东乡下，后嫁给一名姓罗的水手，罗父曾参加过上海的小刀会。罗迦陵 3 岁时，其父病死。罗母当时不到 20 岁，全靠为人浆补衣服和帮工度日。当时这样年轻穷困的女人不少，她们常去码头为外轮上的水手洗衣服和被单，被人称作"缝裙婆"。罗母正当年，生得清丽可人，为许多法国水手所渴慕。其中一个叫路易的人捷足先登，不知怎么就赢得了罗母的好感，很快两人就同居起来。当时 4 岁的罗迦陵被送往私塾读书，与其养父关系和睦，还多少学了几句法语和英语。

然而，路易几年之后乘上了一条法国商船，走上了不归路。罗母抑郁之下，不久即撒手人寰。幼年的罗迦陵只好一边靠亲戚帮衬，一边干些零活为生。她去的最多的地方就是码头。她常常挎着一篮鲜花在外轮上叫卖。她会说法语和英语，颇得水手们青睐。罗又乖巧非凡，既能做成生意，又善于自我保护，倒也安然无恙。当罗越发水灵起来之后，亲戚怕她重蹈母亲覆辙，便将罗许配给一个姓谢的庄稼汉。但罗又怎肯俯就一个"出水入水两腿泥的"农村人，两人三天两头吵架，最后，罗终于逃出谢家，被人介绍到一个法国阔商家当女佣。因为她的几句法语，主人不仅赏识她，善待她，还教给她更多的法语知识。据说，当法国富商妻子远在大洋一侧之际，罗即与男主人有了非同寻常的亲密关系。因此，这位法国富商曾在归国之际向她赠予金钱和两张外国人租借土地的地契。法国富商与这位十七八岁的小女子在码头分别时，泪飞如雨。罗倒是镇定自若，她频频挥手致意，脸上浮现着那永远媚人心魄的微笑。

许多历史材料证明，后来腰缠万贯的哈同是因吝啬而远离女人的。但也有一种说法，认为哈同是个"痴情子"，他之所以娶罗迦陵为妻，有一段源远流长的历史姻缘。按这种说法，哈同首次由香港前往上海时，曾在码头邂逅卖唱女罗迦陵。那时罗还是十几岁的丫头片子，正焦渴地在码头叫卖。22 岁的哈同非常喜爱这个乖巧的女孩子。尽管囊中羞涩，还是掏钱从小女孩处买了一个精巧的荷包，以博得对方灿烂的微笑。这微笑一直矗立在哈同的心头，使他多年来目不斜视。10 年后，当他成为沙逊银行的大班后，他曾被人撺掇去了"书寓"（上海一种卖唱场所），接待者正是那张 10 年前熟悉的面孔。哈同掏出那珍藏了 10 年的荷包，问卖唱女可识得此物。身为卖唱女的罗迦陵睹物思情，抚今追昔，也确实记起了与哈同 10 年前的邂逅。在哈同眼前，这风情万种的成熟女子和若干年前那个小女孩交相辉映，而罗迦陵因哈同的绵绵情深又重新认识了这个犹太人。哈同当天就说："嫁给我吧，我心里早有你呢。"

无论以上两种说法孰为准确，有一点是可以肯定的。哈同和罗迦陵在上海一见钟情，罗当时是个风尘女子，而且，他们的情感发展迅速，彼此都有相见恨晚之感。罗的经历使她不怵洋人，而且碰上哈同这样有实力的洋人并不容易。对哈同，她早已耳熟能详，她比较放心的就是这个男子的惜金如命，这样的男人一般不容易对女人动心。对罗来说，这是最弥足珍贵的品质，自己是个风尘女，又能失去什么呢？所以，当哈同明媒正娶地送聘礼来时，罗爽快地接受了。

哈同的确履行了自己的诺言。他举办了两次婚礼，一次为中国传统方式的，一次为犹太式的。这两次庄重的婚礼表现了他对罗迦陵的敬重，由此更赢得了中国妻子的芳心。罗迦陵很快献出了自己的陪嫁——那两张租借地的地契。这两张纸片非同小可，它们成为哈同发家的重要支点。哈同经常对外界说，他的发迹仰仗于罗的"相夫之命"，首先指的就是这两张地契，第二则是指罗的善于理财和谙熟上海世风人情，巧于与各方打交道。两个精明人结为一体，他们的势力迅速膨胀起来。他们炒卖地产鸦片，放高利贷，巧取豪夺，无所不用其极。结婚 10 年后，他们占有了南京路的 20%，20 年之后，该路的一半属于哈同家族。

1902 年，罗迦陵提出买下上海涌泉浜附近的罗家村，也就是她的老家。哈同踌躇再三才拍板。没想到，不久此地就逐渐并入租界，地价一下飞涨起来。哈同大喜过望，按罗迦陵意愿斥 70 万银圆巨资修建了一座中国古典式的花园，取名为"爱俪园"。罗俪蕤是罗迦陵的原名，迦陵是佛名，以爱妻之名命名花园，当然显示了哈同对妻子的一片爱心。"爱俪园"占地 50 亩，其中亭台楼阁，小桥流水，景色宜人。由于罗从小就笃信佛教，他们还从江苏镇江金山寺请来"鸟目山僧"黄宗仰为爱俪园布局并主持园内工作。没有任何历史学家描写罗是如何皈依宗教的。但据说，她对佛教非常虔诚。一块"舍利子"（佛火化后的遗骨，状似圆形石子）平常人看是清灰色的，稍入佛门的人看是粉红色的，而她看起来却是大红——佛家认为是佛性的最高境界。"爱俪园"中有专为罗迦陵设计的"频珈精舍"，这是一座佛寺，设有佛堂和下院。罗亲自主持佛教仪式，每日为她在天之父母祈祷，还时常和尼姑们一起诵经。据他们的好友回忆，罗晚年"性嗜佛，尝刊行藏经，全部以传世……好楼居，香一炉，水一瓶，经一卷，喃喃不知倦"。许多人认为，哈同与罗迦陵之结合，实为中国佛教与犹太教之结合。哈同曾将摩西五经与儒家五经做了比较鉴别，发现二者之间有许多相通之处，比如尊天崇祖，重视伦理道德等。到了中国后，哈同逐渐转为崇拜道教和佛教。他对罗一见钟情，也是惊羡罗迦陵脸庞上有一层奇异的佛光。佛教的宗旨是弘扬佛道，布施行善。在此点上，哈同夫妇达到了高度默契。"爱俪园"落成之后，他们让黄宗仰大师在园内举办"华严大学"，即后来的"仓圣明智"大学，罗亲任校长，学员全部免费，功课主要为中国文化和佛学，著名画家徐悲鸿就是这所大学的学员。其后又创办"仓圣明智女学"等诸多学校，并建立了文化组织广全学会。在布施行善方面，哈同夫妇曾举办过轰动旧上海的三次水灾义赈会，每次都有几百万捐献给灾民。二人曾在中国许多慈善机构任职，并领养了许多孤儿为义子义女。哈同的义举，为他赢得了大慈善家的美名。

和许多犹太人一样，哈同吝啬，克勤克俭，惜金如命。早年他在经营地产时，常带着一个中国孩童到处收取房租。在他的租借地中有一个营业的皮匠，月月要付地租。哈同每次都会以娴熟的上海话套近乎："发财，发财。"一旦对方不按时交租，他的脸立时就沉下来，然后步步紧逼。李恩绩在《爱俪园梦影录》中描绘"哈同终身致力于收租，即使他已经成为拥有百万英镑的大富翁时，他还会攀登小房的扶梯，对那些迟付一天租金的租户，威逼催讨。这种租户是极少的，因为大家都不敢对他欠租。假若他光临到这里来，这个家的户主不在，那么他会待在脏臭的灶间等上几个钟头"。哈同的品格于此可见一斑。不过哈同对自己也很刻薄，他的居室简单，早餐仅是一杯牛奶、几片面包而已，中晚西餐均一菜一汤。办公室冬不设火炉，夏不设电扇，也没有地毯和窗帘一类。在生活起居上，罗迦陵与夫婿大唱反调。她住的大小起居室极尽奢华，暖气、电扇一应俱全。她雇用两个厨师，每顿饭珍馐美味，动辄十几个菜。她有收藏的嗜好，家中摆满了古董珍玩，像个博物馆。锱铢必较的哈同容忍了中国妻子的奢华。在他眼中，罗是个天使，是圣母玛丽亚。1917 年，哈同 66 岁，罗迦陵 54 岁，两人合作"百二十大寿"，一连半月，爱俪园大宴宾客。上海著名的三家饭店每天送来 200 桌酒席，一共开了 14000 多桌，还有戏剧班子唱戏。社会各界名流济济一堂，总耗资达几万银圆，但贺礼有 10 万两，不仅没赔还赚了钱。爱俪园因此名扬四海。这出戏很难说不是罗迦陵的主意。罗是当地人，和哈同的结合使这个精明的犹太人如虎添翼。罗的几次建议，都能招财进宝，每每令哈同刮目相看。1903 年，罗迦陵通过关系认清隆裕太后之母为干娘。为了攀这门皇亲，她不惜重金租船北上，斥金万两购买礼物，让哈同为之咋舌。后来，罗还与隆裕太后拜了干姐妹。有了这门皇亲，他们的地位也由此上升。清朝廷封罗迦陵为"大清国正一品夫人"，赠哈同"二等第一宝星"，还送给他们 60 名太监。对罗迦陵的苦心，哈同当然心领神会。事实上，哈同夫妇不仅和清王朝有密切联系，他们同时也和革命党人有许多来往。章太炎、蔡元培、孙中山都是哈同花园的座上宾。1911 年武昌起义后，清廷土崩瓦解，哈同夫妇完全倒向资产阶级革命派。1911 年 12 月 25 日，孙中山自欧洲抵沪，哈同执意留孙下榻爱俪园并为其大办欢迎酒会，名噪一时。哈同夫妇也与地方军阀官僚政客帮会有密切联系。这些都为哈同在中国的稳固地位织成一张大网，但是哈同再精明也是外乡人，不可能完全理解中国的情势，土生土长的罗迦陵为夫婿提供了许多主意。正是罗的建议，哈同得以在 20 世纪初中国社会的大变动中左右逢源，立足乱世，百战不殆。对罗，哈同是敬奉有加，深感天恩浩荡，所以对罗的生活琐事，一任其好，并不加以阻拦。从现存的大部分研究来看，哈同与罗结婚之后，心无旁骛，爱情弥坚。一般史料也认为罗对夫婿亦步亦趋，夫唱妻随。只有在鲁川的野史中，罗迦陵的忠贞受到了尖刻的挑战。据说，哈同聘来的爱俪园的总管姬觉弥，年纪与罗迦陵相近，深得罗之喜爱，后来两人竟发展到情人关系，但最后没有结果。

从 20 世纪 20 年代起，哈同王国便开始走下坡路。1931 年 6 月 19 日，哈同逝世。上海最富有的人死了。当时，罗迦陵将近 70 岁，两人膝下无子嗣，唯有一群义子义女。这些人多不争气，在老头子死后爆发了一场举世瞩目的遗产争夺战。1937 年"八一三"之后，上海成了血肉横飞的战场。昔日辉煌的哈同花园也"门前冷落马蹄稀"。罗迦陵孑然一身，苦风凄雨，终日在爱俪园中闭门不出，不久双目失明，最后在1941 年撒手西归。她的棺材紧紧与哈同的棺材相挨。两个月后，日本占领上海租界，封闭了爱俪园，掠去了全部财产，然后一把火，烧了这座全国最大的私家花园。1953 年，爱俪园被人民政府征用，在其址兴建了中苏友好大厦。20 世纪 60 年代后更名为上海博物馆。

一代天骄哈同泯灭了。一个犹太男人和一个中国女人的故事结束了。

白俄在中国

王俊彦

　　十月革命后流浪到中国的 25 万白俄，除少数人追随中国封建军阀打内战、投靠日本帝国主义充当侵华帮凶和打手、特务外，大部分白俄在哈尔滨、天津、上海、北京等地寓居谋生，与中国人民友好相处，对中国一些城市的经济发展、城市建筑风格也有一定的影响。

　　流浪到中国各地的白俄当初大都手中无钱，为在异国他乡谋生，他们只好抛弃对过去作为俄罗斯官僚富翁的尊贵地位的幻想，与哥萨克军官的尚武特权告别，首先经历痛苦的思想巨变，千方百计适应叫天天不应、呼地地不灵的难民地位。1936 年 8 月 25 日《申报》刊载的雅非的文章《幽美的霞飞路之夜》相当生动地描写了白俄难民的苦难历程。

　　"许多白俄都有一个美好的过去，所以很依恋于往事。在寂寞的午夜，他们只有带着一腔幽怨，带着一腔抑郁与苦闷，约上几个同伴，走进日益热闹的俄国菜馆或酒吧间里，去喝着劣等的麦酒，直至酩酊大醉，才带跌带跑地走出去。也有些白俄，喜欢独自坐在阴暗的角落里，一声不响地喝着咖啡，追想着沙皇时代的'光荣'历史和眼前的沦落。

他们高兴时也会和侍女调笑，难过时便痛哭一场。内心的追怀、悲哀和痛恨，使他们常常演出一幕又一幕的浪漫悲剧。"

白俄中的一些"大人物"，抵沪之初还下意识地尽量保持自己往日"高贵"的生活方式，如要仆人或朋友称他为"将军""公爵"或"大人"；在一些适当的时候，去"谒见"同样流亡在沪的"上司"；甚至在寓所中穿上他缀满勋章的沙皇时代的大礼服；常以将军发布命令的口气去指使仆人；即使在喝冷水、啃白面包时，还勉强保持着王孙公子的气度。然而时过境迁，这种中国阿Q式的精神终会粉碎在铁的现实之前。所以，当生活的尖刺挑破那些历史的残梦时，他们便会把一切自大狂和自尊心都抛弃了。"公主"和"伯爵夫人"开始倚门卖笑；"贵族"中居然也有人参加了"三只手"集团；20世纪40年代初，金神父路（今瑞金二路）口还有一个沿门托碟的"将军"，专收拾人们的残羹冷饭。

在20世纪30年代，上海的1.6万至2.1万名白俄中，除了最豪富和最贫困者外，其他人中70%总有一些能够糊口的固定职业。当然，这中间差别很大：从卖假宝石或羊毛毯的小贩到大公司经理，从受人尊敬的大学教授到为人不齿的娼妓，从最兴奋的舞场乐师到最颓丧的午夜更夫。至于其他30%的白俄，则主要是两种截然相反的人，即自由职业者和以非法手段谋生者。

为谋求生路，白俄难民们以特有的吃苦耐劳和开拓精神，开始艰难的经济活动。

在中国政府支持下，白俄在中国这块异邦土地上建立了独特的"俄国社会"，他们组织起俄侨协会，开办白俄医院、学校、养老院、幼儿园、孤儿院，修建东正教教堂过着宗教生活，建立了白俄报馆、印字馆、广告社、图书馆、书店等，开办了秋林商店、酿酒厂、服装店、鞋帽店、洗染房、理发馆、美容馆、电影院、俄侨俱乐部，也开有白俄妓院。

抗日战争胜利后，大批白俄返回苏联，也有少数人留下来。几十年来，大部分白俄在中国辛勤劳动，并在工作及与中国人民的相处中建立了感情。

俄国人在哈尔滨

李宁　何冠群

哈尔滨与俄国人的渊源，要从 19 世纪末正式算起。1896 年，俄国轮船"英诺森"号溯松花江而上，来到今哈尔滨市呼兰区，与中国人做农副产品生意；同年还有一位叫德金的俄国商人开着他的"劳动者"号轮船，也从松花江到达哈尔滨，与当地人做牲畜交易。德金有时在哈尔滨居住很长时间，便顺理成章地成为哈尔滨最早的俄国人。第二年，一支俄国筑路考察队也来到此地，为即将动工的中东铁路打前站。

早在《中俄密约》（1896 年）签订前，俄国已于 1891 年开始了西伯利亚大铁路的修建。1897 年，铁路修到了海参崴，1898 年便进入中国境内的小绥芬河开建，称为中东铁路。中东铁路的整个建筑工程以哈尔滨为中心，分东部（哈尔滨—绥芬河）、西部（哈尔滨—满洲里）和南部（哈尔滨—大连）三线，由六处同时开始相向施工，后来整个干支线又分为 19 个工区。中国筑路工人在两年多的时间里，筑成了 1300 俄里铁路。

1898 年，一大批俄国人来到哈尔滨香坊，在田家烧锅落脚，他们当中有铁路机械厂、制材厂的厂长，有筑路工程师以及大量的技术工人，有勘察专家、气象专家，还有 1000 多名工人和部分士兵。俄国人到后，在香坊办厂、设气象站，成立中东铁路建筑工程局。随着人口的增多，教堂、学校、商店、银行、俱乐部等一一建成。

早在 1897 年铁路开建时，俄国便派五个连的哥萨克骑兵进入中国，在铁路沿线分段驻扎，司令部就设在哈尔滨香坊。随着工程的进展，铁路公司感到护路队的人数太少，起不到"保护铁路"的作用。实际上按《中俄密约》和《中东铁路合同》的规定，俄国无权在铁路沿线驻扎军队，"凡铁路及铁路所用之人，皆由中国政府设法保护"。但俄方说"护路队不是正规部队，是铁路公司用的"，以致后来不断增兵。到 1900 年春，整个护路队兵力为步兵八个连、骑兵 19 个连，防地为中东铁路东线；俄军第二旅驻哈尔滨，有步兵、骑兵各两个团，防地为东铁南线和哈尔滨一带；第三旅驻博克图，步、骑兵各两个团，防地为东铁西线至满洲里火车站。其实护路队也是一支"两用"队伍，除了保卫铁路，也干修筑铁路的活，有时还从事诸如设施安装、充当轮船水手等劳动。1901 年，俄国沙皇尼古拉二世颁布了两条对护路队有利的"上谕"后，不少官兵选择了留下，与其他同胞一样，成了哈尔滨首批住户。

随之而来的，是银行、传教、商服和社会其他事业的人员。华俄道胜银行开办于 1898 年 7 月，地点是哈尔滨香坊田家烧锅附近，首任行长为俄国人卡普列里。从此，该银行逐步掌控了哈尔滨的金融信贷，使得俄国卢布成了中东铁路沿线的通用钱币。

1898 年在香坊有一家叫鲁西阿尔的俄国小商铺；1900 年，俄国秋林公司在香坊设分公司，开始了俄国人在哈尔滨的商业时代。与此同时，俄国人的面粉厂、白酒厂、机械厂、电厂、糖果厂以及药店、电器商店、旅馆等纷纷开设。

1904 年 2 月，日俄战争爆发，在军需的刺激之下，运往前线的面粉、茶、糖、盐、烟草、烈性酒、罐头、肉食品、糕点、肥皂等剧增，使得生产这些物资的工厂更加红火起来，当时哈尔滨的一家俄国小肥皂厂一年中所赚的钱相当于企业耗资资本的 50—100 倍。

此时俄国在哈尔滨的文教卫生业也得到发展。1913 年时，俄文报纸已有 20 种，各类学校 12 所，电影院及俱乐部十余座，另外还有图书馆、马戏团、跑马场、自行车比赛场等设施。教堂也有数座，如尼古拉中央教堂、圣母报喜教堂、圣索菲亚教堂、伊维尔斯卡亚教堂、圣母安息教堂等。

1914 年 8 月初，德对俄国宣战，第一次世界大战爆发。次年 5 月，俄国政府下令，驻中东铁路沿线的部队，包括驻哈尔滨的俄军的大部分都要去欧洲参战。由于正规部队大部分赴欧，俄方不得不派十余个国民自卫队，与留守的六个骑兵连共同护路。由于兵员缺乏，俄国在全国征兵的同时，也在哈尔滨征兵达 13 次之多，使本来兵力匮乏的护路队雪上加霜，只好破例招募中国巡警 70 余人，在香坊、南岗等处巡防。

1917 年 10 月，俄国十月革命成功，苏维埃政权建立。原来的贵族、业主、官员、学者等纷纷逃到前政府势力侵入的哈尔滨。这些人因与苏维埃政权敌对，始称“白俄”。1918 年 3—9 月的《远东报》上分别载有三条消息：

> 近日由布埠（布拉戈维申斯克）来难民甚多，因无处下榻，多聚于各街上，闻铁路公司自治会刻正设法安插云。（3 月 31 日）
>
> 俄人由赤塔、海参崴、布拉戈维申斯克避难于哈埠非常之多。（9 月 8 日）

> 日内由布拉戈维申斯克开至哈埠轮船两只，满载逃民。（9
> 月 26 日）

当时能乘火车、轮船来哈尔滨的俄国人已经算是幸运的了，更有步行者前来投奔。1920 年 9 月 22 日的《远东报》载：

> 西伯利亚难民近日逃哈者日多，闻十九日到俄人一名，步
> 行六千里。备尝艰苦云。

俄国人从当初的 1 万多激增至 10 多万，给哈尔滨带来不小的压力，不得不在道里区的偏脸子和正阳河两处建了俄国移民村。大量的俄国人是住下了，但各种矛盾随之而来，比如这些白俄子女的就学问题，原来那么几个学校容不下，便实行上、下午分别上课的二部制。

为解决这个问题，中东铁路局从 1917 年至 1923 年相继开办了中东铁路第三高等小学、高等经济法律学校、第一乌克兰男女混合学校、中俄工业学校、中东铁路中央病院护士、助产士学校、沃斯特格乌莫夫学校、中东铁路新马家沟小学、中东铁路普育学校等，来缓解这一矛盾。

住房奇缺也是一大问题。1917 年以后来哈尔滨的，大部分是有钱的俄国人，他们可以买小楼房，所以从这时起至 1922 年间房产业是赚大钱的生意。

新闻出版也比较繁荣，十月革命后至 20 世纪 20 年代初，苏俄在哈尔滨办的俄文报纸有《公报》《铁路员工报》《满洲新闻》《劳动之路》《晚报》《我们的时代》《世界报》《霞光报》《俄国之声》等近 50 种。

苏维埃政权建立后，英国、法国、意大利、比利时、美国等 14 个"协约国"出兵，陆路经哈尔滨、海路经海参崴进入俄国，支持反对列

宁的俄国白军。在哈尔滨也组织了个"白俄义勇团",成员均为沙俄残余部队官兵,也回到俄国为白军助战。

1919 年,高尔察克率残部逃到伊尔库茨克时,他本人被捕并被处决,余下的人冒严寒穿过西伯利亚,跋涉数千公里来到海参崴(符拉迪沃斯托克)地区,与谢苗诺夫的白军会合。

谢苗诺夫当时主要靠日本军队的支持。为了铲除白军,苏维埃政府于 1920 年 4 月成立了远东共和国,其人民军开始进攻谢苗诺夫部队。1921 年,前白俄头脑人物、前高尔察克部下、前俄国驻日本大使等来到哈尔滨开会,成立了"阿穆尔河沿岸地区临时政府",首府设在海参崴,后来又占领了伯力(哈巴罗夫斯克)。1922 年 2 月,"临时政府"的白军被远东共和国人民军彻底击溃,白军和难民开始逃亡,走海路的去了朝鲜、上海;走陆路的绝大部分来到了哈尔滨。

1923 年,"定居哈尔滨的俄国人一度达到 20 万人,甚至超过了当地中国居民的人数。哈尔滨成了中国最大的俄侨聚居中心"。"白俄之都"因此得名。

俄国十月革命后,中东铁路的使用权逐渐移到了苏联手上。在哈尔滨的白俄有的愿意加入新中东铁路,成为苏联侨民,有的去了天津或上海;还有一部分不愿加入,于是这部分人便成了无国籍白俄。

1932 年 2 月 5 日,日本侵略者占领了哈尔滨。起初,哈尔滨的无国籍白俄觉得有了依靠,幻想日本人"将帮助他们推翻苏联政权""恢复俄国君主政体和正统宗教",因此这些白俄竟然做出了欢迎的举动。记者出身的意大利人范斯白对此记载道:

> 那天(2 月 5 日)上午 10 时左右,隆隆的炮声和啪啪的机关枪声愈来愈响了。日本飞机在中国军营上空飞着……下午

> 2时半，几千个俄国亡命者跑到街上来了，他们手拿日本旗，嘴里对着这班"新客"呐喊着"万岁"！还雇用了许多俄国女孩来迎接日军行进的行列，献花给日军的官长，有些还给他们搂抱接吻呢。后来又有1万多俄国难民举行了一次游行，走遍了哈尔滨的街道，一路替日军喝彩……

然而不久，在哈尔滨的俄国商行、店铺、工厂、报社、学校等处，都强行安插了由日本文职人员组成的"顾问"，俄国人不但要受这些"顾问"监视，还得付给他们薪水。不但如此，日本特务机关还雇用白俄密探，流连于火车站、航运码头、旅馆饭店、咖啡馆、电影院等处，一旦发现某些人言语"不恭"或行动"可疑"，就会被当成"反满亲苏"的嫌疑犯而关进日本宪兵队。

在1932—1934年当中，哈尔滨的俄国人总数约有8万人，有将近4万人持有苏联护照，日本人不便管辖。剩下的白俄毕竟占了一多半，日本人就把他们集中起来。为迫害另一半亲苏者，日本特务机关开始各处活动，并在1934年底成立了哈尔滨俄国移民事务局。这个移民事务局被日本人授予的权力是管理哈尔滨的各个俄国团体，包括对俄国人的监视、告密、揭发等。从1931年九一八事变开始，东北的义勇军、抗日联军乃至各界地下抗日志士便与日军展开了各种形式的斗争，令日本人十分棘手。有了俄国移民事务局，日本人就可以命令这里的当事人推荐俄国人当伪满警察，或到白俄支队去当兵，用来搜捕地下抗日志士，围剿抗日联军。

日本人控制了白俄，便向中东铁路施压，他们驱逐苏方代理人，逮捕苏方员工，煽动反苏情绪，甚至让白俄袭击铁路理事会……1935年，日本买下了中东铁路，改名为北满铁路，这使得2万多苏联人撤回国内，到1939年时，哈尔滨的苏联人只有1000多人了。

拥有苏联国籍的日益减少，是由于日本人迫害的结果。日伪当局利用白俄反对苏联人，达到目的后并没有优待这些白俄，相反，白俄们也遭到了迫害。

在哈尔滨的白俄没有国籍，得不到保护，日本人欺压他们简直是家常便饭。白俄们的店铺里，必须销售日本货并强行规定售货数量，一旦少了，日本宪兵便来关闭商店。日本宪兵对那些符合他们要求的白俄店铺，不但不给予支持、鼓励，反而肆无忌惮地从中白拿烟酒、电器、钟表甚至金银器皿。日本宪兵也是白俄开的餐馆、咖啡馆、酒吧等处的常客，来此的"宪兵客人"从来不付钱，还要上好的酒菜，老板、招待等还得笑脸迎送。令白俄们不堪忍受的是，往往日本宪兵刚刚吃完走人，又来了一帮白吃的日本浪人。

日本人对白俄的人身污辱也时有发生。在哈尔滨的日本宪兵、士兵，还有日本浪人以及日本"顾问"常侮辱俄国妇女，哈尔滨的俄文报纸对此类事件有所报道。后来，日伪当局命令相关报刊，对此类的日本犯罪者不得冠以"日本"字样，而必须用"外人"二字，报刊慑于日伪当局淫威，只好照办。

许多白俄不堪忍受，纷纷外逃。1938年8月，哈尔滨的白俄一批就走了700余人。他们一部分加入苏联国籍，返回苏联；一部分跑到欧洲、大洋洲、北美等地，多数仍没出中国，只是到了上海、天津、大连等地。到日本侵略者投降时，哈尔滨的俄国人总数也没超过5万人，还不到鼎盛时期的1/4。

从1946年开始，哈尔滨白俄大批申请加入苏联国籍，两年以后俄国人无国籍者仅有2000多人。1947年，苏联政府号召旅居中国的苏联公民回国，但不包括哈尔滨的俄国人。直到1954年，苏联政府才允许哈尔滨的俄国人回国，哈尔滨成立了"协助苏侨回国委员会"予以积极配合。在每年回国 6000 人的情况下，1956 年，哈尔滨只有 9000 多名俄国人了。随着这些俄国人的不断迁出（回国、去其他国家），其总数直线下降，20 世纪 60 年代为 1000 多人，70 年代为 200 人，80 年代已不到 100 人，到 1997 年就只剩下三十几个人了。

卢沟桥事变前后的斯诺

———
武际良

60 年前，"七七"卢沟桥事变，中华民族的全面抗日战争爆发了。中国人民的好朋友，年轻的美国记者、作家埃德加·斯诺站在中国人民一边，投入了反对日本帝国主义侵略中国的斗争。

宣播中共抗日主张

1936 年夏，斯诺冲破国民党的严密封锁访问陕北苏区回到北平之后，在城东南古城墙拐角，离箭楼和古观象台不远的盔甲厂 13 号寓所里，夜以继日地坐在打字机前，奋力写作《红星照耀中国》；同时，撰写了大量文章向国际上报道他的苏区见闻和中国共产党的内外政策。他多次举行演讲会、报告会、座谈会，向在北平的外国人士，燕京、清华、东北等大学的爱国师生介绍经过长征胜利到达陕北、北上抗日的中国工农红军的情况，和中共关于抗日救国的主张、呼吁建立广泛的抗日民族统一战线的政策，从而打破了国民党的新闻封锁，使当时"基本上不了解情况的外界大为惊讶"。

美国著名历史学家拉铁摩尔曾指出："斯诺在全世界面临战争灾难的前夕，报道了一支远离西方各国的独立的战斗力量。"

当时，在北平的驻华英国使馆高级官员阿斯普兰德，是一向坚持反共态度的顽固分子。听了斯诺1937年1月21日在北平协和教会所作题为"红党与西北"的演讲（同年2月5日《大美晚报》发表了这个演说的讲稿）之后，他声言，"如他们（指中共）真如听讲行事，则对他而言，红党任何时候都可以进北平"。

在访问陕北苏区回到北平后，斯诺同毛泽东保持着联系。毛泽东通过党的秘密交通送信给斯诺。1937年3月10日，毛泽东给斯诺的信中写道："自你别去后，时时念到你的，你现在谅好？我同史沫得列（史沫特莱）谈话，表示了我们政策的若干新的步骤，今托便人寄上一份，请收阅，并为宣播，我们都感谢你的。"

毛泽东与美国进步女作家艾格尼丝·史沫特莱1937年3月1日的谈话材料，反映了中共中央为巩固"西安事变"后的国内和平形势，打击汉奸、亲日派的挑拨离间，促进抗日民族统一战线的实现，于1937年2月10日致即将召开的国民党五届三中全会的电报内容。

在谈话中，毛泽东还说：中国的民族统一战线是抗日的，不是反对一切帝国主义，而是反对日本帝国主义。但是，我们要求英、美、法等国同情中国的抗日运动，至少保持善意中立。我们主张中、英、美、法、苏建立太平洋联合战线，否则有被敌人各个击破的危险。

斯诺对中国共产党人为抗日救国、不谋党派一己之私利的精神和毛泽东高瞻远瞩的政治眼光深为感动。他立即编写成一条消息，迅速地向国际上报道出去，宣播了中共以民族大义为重，提出的抗日统一战线主张和政策，在海外引起巨大的反响。

1937 年初，斯诺还同一些同情中国、反对日本侵略的在北平的外国人士共同创办了一个名为"民主"（Democracy）的英文刊物，并担任主编。他将中共秘密交通送来的苏区出版的《红色中华》和后来的《新中华报》等报纸上的材料，翻译摘编成英文，并亲自撰写文章，在这个刊物上发表。创刊号上，刊登了斯诺写的《苏维埃巨人》，介绍毛泽东的革命生涯；第 2 期上，发表了周恩来的论文《我对修改国民大会法规的意见》的节录，以"关于国民大会"（On the People's Congress）为题译载，斯诺并加上编者按语，对国民党的假民主花招进行揭露批评，对中共为中国人民争取政治民主表示赞赏；第 3 期上，发表了斯诺悼念鲁迅的文章《向鲁迅致敬》，文章中反映了苏区军民哀悼鲁迅逝世和对鲁迅的爱戴之情；第 4 期上，刊登了斯诺写的《人生自五十始》，记述了革命老人徐特立半百之年，在革命遭受严重挫折的时候，毅然投身革命的感人事迹。这本刊物成了斯诺传播中共抗战呼声的一块阵地。可惜，在出版第 5 期后，日本侵略军占领了北平，最后一期被日本人从印刷机上夺走了。

帮助抗日爱国者

1937 年 7 月初，斯诺刚刚写完《红星照耀中国》一书的最后一章。7 月 7 日，就发生了卢沟桥事变，中国军队奋起抵抗日军的进攻。7 月 8 日一大早，斯诺迎着北平西南方传来的隆隆炮声，驱车赶到永定河边观察采访。他发现日军占领了卢沟桥车站，与据守宛平城和卢沟桥的中国二十九军正在激烈地交火。两军相持十多天，斯诺在战地奔走采访，目睹了中国人民八年抗战的开端。

在日军举行的新闻记者招待会上，日军头目诡称，在演习中"失踪"了一名士兵，他们要求进宛平城搜查，遭到中国守军的拒绝，所以才发起攻击。斯诺以驻华美国记者的身份当面质问："你们为什么要在中国的土地上演习？你们是否真有士兵'失踪'？为什么借口士兵'失踪'动用武力？为什么侵略者不撤回兵营，反而要中国守军撤出宛平？"

斯诺这一连串的问题，问得日军头目狼狈不堪，无法正面回答，只能用"无可奉告"等外交辞令搪塞，并仓促宣布记者招待会到此结束。

7月29日，日本侵略军占领北平后，大肆搜捕、迫害中国的抗日爱国人士和革命青年。这些人纷纷来找斯诺寻求帮助。当时，斯诺参加了在北平的外国人（欧美）援华社会团体，积极掩护和帮助中国的爱国者免遭日军捕杀。他的寓所成了抗日爱国分子的避难所。据仍然健在的王福时老先生告诉笔者，当时他的父亲王卓然是东北大学的代理校长，就逃到斯诺家中居住了好些天，才转移出去。斯诺还帮助一些人化装成乞丐、苦力或小贩，逃出北平。有些人趁黑夜翻越斯诺家花园后面的城墙逃出去。有的奔赴延安，有的到西山参加抗日游击队。

斯诺家中还存放了一些中国人寄存的财物，从私人汽车到游击队从日本人手里夺回的黄金、珠宝和玉器。有一次，西山的抗日游击队派了一位联络员来找斯诺，请他帮助变卖从日军手中夺回来的珠宝、黄金，以解决游击队急需购买枪支弹药的经费，并提出给斯诺高额的回扣。斯诺说："我一分钱也不要。但是我建议你们把在西山一个修道院里扣留的几名意大利修道士释放了。"

游击队认为这些意大利修道士是日本的"法西斯同盟者"，由于缺钱缺武器，而向他们的修道院索取赎金。

斯诺想起他到陕北苏区访问时，周恩来对他谈到红军如何对法国天主教传教士采取团结的政策和毛泽东所说的只反对日本帝国主义的话。他对游击队的来人说："这样做不好，会损害你们的抗日事业，不能获得国际上的同情。"

"你这样喜欢天主教徒吗?"游击队来人不解地问。

"我是为中国着想。"斯诺说,"一次只能同一个敌人作战,不宜树敌过多。"

游击队接受了斯诺的建议,释放了那几个意大利修道士。斯诺也找到了肯帮忙的人帮助游击队把珠宝、黄金变卖了出去。

在斯诺家花园的地下,爱国学生埋藏了许多被日军查禁的进步书刊。斯诺甚至还同意东北流亡的抗日分子在他家中设置了一部秘密电台。斯诺除了忙于新闻采访,报道中日战况,每天还要为众多的避难者的吃饭问题而奔忙。当时,西方各国在中日战争中保持中立,日本占领军对在北平的欧美等国人士还没有敢公然侵犯。斯诺说:"我的住所很快成了某种地下工作总部了,我肯定不再是一个'中立者'了。"

掩护邓颖超脱险

1937年8月初的一天,斯诺收到居住在北平城郊的东北大学教授徐冰夫人张晓梅女士托人送来的信,说是请斯诺去她家赴宴。在这兵荒马乱的日子里,怎么会有这般闲情逸致呢?斯诺知道徐冰教授是中共的地下工作者,他去陕北苏区访问的介绍信就是徐冰转交给他的。斯诺意识到肯定有重要的事情,立即赶到徐冰教授家中。

在客厅里,斯诺看见一位身穿蓝色绸旗袍、戴一副深色墨镜的女士端坐在沙发上。徐冰夫人介绍说:"这位是李知凡太太。"

"李知凡太太?"斯诺对这个姓名很陌生,但见这位太太的举止神态有些眼熟,一时又想不起来。

"斯诺先生,你认不出我了吧?"李知凡太太爽朗地笑道,并摘下了墨镜。

"嗨!原来是邓颖超女士。"斯诺万万没有料到,一年前,在陕北保安的欢迎会上，领唱《渔光曲》欢迎他的红军女干部、周恩来的夫人，中国共产党的中央委员，竟会出现在被日本人刚刚侵占的北平。他惊讶地说："真没想到，真没想到。"

一年前，斯诺在保安认识邓颖超时，她正患着严重的肺结核病。她身体瘦弱，天天发烧、咳嗽。当时，陕北苏区根本没有治疗肺结核的药物，营养条件又差。同斯诺一起到苏区的美国医学博士马海德大夫，为邓颖超仔细地检查了病情，想了一个土办法，是每天在户外院子里支一张床躺上两小时，沐浴阳光。邓颖超按照马海德的建议，躺在一张门板上晒太阳，坚持了好几个月，结果体温降了下来，初步控制住了病情的发展。

邓颖超告诉斯诺说，"西安事变"后，中央批准她到西安疗养。1937 年 5 月，又由地下党护送来到北平。为避人耳目，邓颖超化名"李知凡太太"，住在西山福寿岭平民疗养院休养。在这里，她得到了较好的饮食和充分的休息，加上药物治疗，病情大为好转。

"你现在不能在这儿住下去了？日本人……"斯诺担心地问。

"是的，我要尽快离开北平，返回陕北。"邓颖超说，"你能同我搭火车去天津吗？"

"当然可以。"斯诺毫不犹豫地说。他认为帮助中国的革命者是义不容辞的事情。

当时，由北平至天津的铁路交通刚刚恢复，日军严密盘查过往旅客，搜捕抗日分子，对稍有怀疑的人立即扣留。像邓颖超这样的人物更加危险。但日本人对在北平的西方人尚不敢冒犯。

斯诺说："我陪你去天津，你装扮成我家的女仆，也许可以安全通过。"

斯诺把邓颖超接到家中住了一夜。第二天一早，便陪同她来到前门火车站，买了两张去天津的车票。

平日不修边幅的斯诺，今日西服革履，头戴礼帽，打扮得衣冠楚楚，故意摆出一副气轩昂然的派头走在前面。邓颖超装扮成一个女用人的模样，提着一个草编行李袋紧跟在斯诺的身后。

前门火车站进口，日军岗哨林立，虎视眈眈地监视着每一个旅客。斯诺大摇大摆地走进检票口，日军没有拦他，跟在后面的邓颖超却被拦住了。日本兵正要盘查，斯诺连忙回转身子说："我是美国人，她是我家佣人，跟我到天津去的。"日本兵只好放行。

斯诺陪邓颖超登上列车。一节节车厢里挤满了愁眉苦脸、闷不作声的难民。斯诺好不容易在一节车厢的一个旮旯里找到一个位置，让邓颖超挤坐下去。数不清的头颅、胳臂和大腿立刻淹没了邓颖超的身影。车厢里通道上拥挤得一点缝隙都没有了，人们休想移动一下。斯诺觉得，这样对邓颖超可能是最安全的，因为日本兵不可能在这拥挤得水泄不通的车厢里来回走动，盘查旅客。

斯诺自己在最后一节车厢里找到一个立足点，把制动器当成他的座位，在焦虑中等待了好几个小时，火车才鸣叫着悲怆的汽笛声，缓缓地驶离了北平。

旅途中，斯诺发现车厢里有一些日本兵。新闻记者的职业本能，驱使他禁不住挤过去用中英语和日本兵攀谈。起先，日本兵用警惕的目光看着斯诺不搭理他。当斯诺掏出一盒美国骆驼牌香烟款待他们时，日本兵变得对他友好起来。日本兵贪婪地吸着斯诺的香烟，朝斯诺点头微笑，并伸出大拇指怪声怪调地说："米（美）国的烟，顶好！"

斯诺心里不由得升起一股辛辣的幽默感：没有比日本人更痛恨日本对于烟草的统制了；爱国主义到了这种地步便不中用了。假如中国有大量的美国香烟，它真可以把全部日本军队收买过来。

日本兵们抽着香烟时，流露出一副懈怠的模样，斯诺觉得提问题的时机到了，便问："你们为什么要到中国来作战？"

"我们日本人是爱和平的，但中国人向我们不断地捣乱。"一个日本兵说。

"下流的中国人在通州杀害我们的同胞。"另一个日本兵瞪起仇恨的眼睛说。

斯诺知道，他指的是不久前的7月28日，设在通州（今北京通县）由日本人扶植的傀儡"冀东反共自治政府"的"保安队"士兵，因目睹被解除武装的中国士兵遭到日本兵用机枪扫射杀害，他们愤怒地把在通州的日军"特务团"和日本军政人员400余人全部消灭的事件。

"我们要从共产党手中把中国拯救出来。"第三个日本兵说，"意大利和德国了解日本，但美国和英国不了解。"

斯诺看见一个农家子弟模样的年轻日本兵坐在一旁沉默不语，便故意问他："你为什么要到中国来呢？"

年轻的日本兵犹豫着回答说："我是被召来为天皇服务的，我不了解战争的原因。"

一个挂着中士军衔领章的日本兵狠狠地瞪了年轻日本兵一眼，然后对斯诺说："中国人都是下流胚！我们要在中国建立王道乐土。"他那说话的神气，很像斯诺曾经采访过的驻华北日本侵略军的香月清司司令官。

"你们美国人不知道，中国人是何等的顽强。不知道什么时候，一个和平的中国人会突然打中你的头！你永远不能信任他们……"日军中士滔滔不绝地讲起他在东北与抗日义勇军作战的经历。其他的日本兵却咧着大嘴听。

火车开进天津站时，天已经黑了下来。

斯诺陪同邓颖超走出车厢，来到出站口，日本兵正挨个儿盘查出站的旅客。由于斯诺把邓颖超说成是他家的佣人，得以顺利出站。然后，斯诺送她到英法租界区找到他的朋友合众社的记者伊斯雷尔·爱泼斯坦。爱泼斯坦十分同情中国人民的抗战事业，他欣然接受斯诺的委托，亲自护送邓颖超乘轮船由天津去山东烟台，辗转乘火车赴西安，返回陕北苏区。

斯诺亲自送邓颖超上了船。临别时，邓颖超含着眼泪对他说："斯诺先生，谢谢你的大力帮助。你别回北平了，在那里待久了不安全。"

"不用担心，我会很快再去陕北的。你见到我妻子海伦时，请你告诉她。"此时，斯诺的夫人海伦·斯诺正在延安访问。

斯诺站在码头上不断地向邓颖超挥手，直到轮船驶入茫茫的大海远去。

1938 年 7 月，在汉口，斯诺会见周恩来时又和邓颖超重逢。周恩来一再向斯诺表示感谢，设家宴招待斯诺，并与邓颖超一起同斯诺合影留念。

当时，在日本侵略军的进攻面前，国民党军队节节败退，斯诺对中国的抗战前途十分担心。他曾访问过蒋介石。

斯诺问蒋介石："假如武汉失陷了会怎么样？"

自诩为抗战领袖的蒋介石回答说："我到的地方，就是政府的所在与抗战的中心。战争的结果决定于领袖如何指挥民众抗战，而非决定于两三城市的得失。"

斯诺又问："究竟根据什么理由，认为中国可以战胜日本？"

蒋介石似是而非地说："日本已经受了精神上的失败，军事行动没有必有的精神的基础，便不能成功，因为日本的精神观念是不正的，所以日本不能获胜。"

对蒋介石的采访，没有使斯诺得到满意的回答。斯诺向周恩来请教对于战争前途的看法。周恩来把毛泽东于 1938 年五六月间在延安所作的《论持久战》的演讲文章送给斯诺。

斯诺连夜阅读了《论持久战》。毛泽东对中日战争所处的时代和敌我双方的基本情况的精辟分析，对"亡国论""速胜论"和轻视游击战争等错误思想的有力批驳，对抗日战争的全部发展过程的科学预见，使斯诺看到了中国人民抗日战争的光明前景。

斯诺到香港后，同在那里协助宋庆龄工作的爱泼斯坦一起，把毛泽东的《论持久战》第一次翻译成英文，在外国报刊上发表，引起了国际上的注意。

"中国的事业就是我的事业"

卢沟桥事变，日军侵占平津之后，又把侵略的矛头指向上海。1937年 8 月 13 日，日军向上海中国守军发起进攻，中国军队进行了猛烈的抗击，开始了"八一三"淞沪抗战。

按照伦敦《每日先驱报》的要求，斯诺在送走邓颖超后奔赴上海，采访了上海中后期的战事。他亲眼看到日本侵略者对中国这个最大的城市和工业基地进行疯狂的破坏，贪婪地掠夺财物和残酷地杀害中国人的种种暴行。

斯诺同他在 1929 年赴内蒙古萨拉齐途中相识的好友、在上海公共租界工部局任总稽查的新西兰人路易·艾黎一起来到被日军轰炸的工业区。他看到，许多工厂都变成了一片废墟。在一间被炸毁的厂房里，艾黎指着一台被扭曲得不成样子的机器痛心地说："那是不久前我指导工人装置的一台蒸汽锅炉。"

又走了不远，斯诺和艾黎看到一群中国战俘被端着刺刀的日本兵押着，往停泊在吴淞口外的日本轮船上搬运工厂里还没有毁坏的各种机器和废铁，这是要运回日本去卖给日本资本家的。一些仓库、货栈中的货物也被抢掠一空，连一颗螺丝钉也不留。

他们又来到公共租界西面和苏州河南面的市郊。这里被日本人大规模地纵火焚烧达一个星期之久，村庄都变成了一片焦土。在这里，他们看到日本人仍在灰烬中寻找金银财宝，强迫中国人为他们搬走最后一块钢铁，包括锅釜、窗框、门轴、犁耙、车轴绞链，甚至铁钉。

目睹这番情景，斯诺想起了日本特务头目土肥原贤二说过的一句话："日军除开增进中国大陆的繁荣以外，绝对没有别的企图。"这真是绝妙的讽刺。

日本侵略者的疯狂掠夺和破坏，更加激起了斯诺对中国人民抗战的同情。他认为自己不应只是一个中立的美国记者，一个旁观者，他要为支持中国抗战做更多的事情。他曾写道："现在，中国的事业也就是我的事业。我并把这份感情，同反对世界上的法西斯主义、纳粹主义和帝国主义的决心联系在一起了。"

斯诺和路易·艾黎面对中国的工业在战争中所遭受的严重破坏和数以万计的熟练工人流离失所的悲惨情况，眼看着中国的东北、华北沿海和长江下游地区80%以上的工业经济落入了日本人之手，他们开始考虑应该帮助中国人在未被日军占领的内地建立某种工业以支持中国的抗战。他们和在延安访问、后来到上海的海伦·斯诺女士一起议论交谈。

斯诺想起，1936年访问陕北苏区时，他看到在国民党的经济封锁下，共产党组织当地人民举办生产消费合作社，以缓解军民日常生活中的物资匮乏问题。他认为，可以在远离前线的后方组织工业合作社，给失业工人提供就业，给抗战提供物资帮助，也给工人提供管理自己组织的机会。

艾黎曾在中国内地做过调查，知道哪些地方有可供利用的资源。他打开一张地图指给斯诺和海伦看，说道："这里出煤出铁，那里有陶土，西北有很多羊毛，制成毛毯可以满足抗战军队御寒的需要。可是大凡有资源的地方，却没有熟练工人。""而上海的工人，有的流落街头，有的在自己经营的小手工作坊里过着贫困的生活。这样下去，他们都只好替日本侵略者去干活了。"艾黎认为，可以招募这些工人到内地开办工业合作社，以发展中国的战时经济。

斯诺听了艾黎的意见又想起来，1936年他在陕北吴起镇的苏区工厂里就发现，有从上海去的工程师和工人老师傅，他表示完全赞成艾黎的主意。

海伦·斯诺还补充说："在这种合作社里，劳动者自己拥有工厂，自己管理工厂，通过合作社雇用工人从事生产。这是北欧国家行之有效的方法。"她还认为，应当"提倡在中国搞难民生产合作社，不要搞施粥所和非生产性的难民营"。

然后，斯诺他们三人一起去找宋庆龄商量发起组织中国工业合作社运动的事。宋庆龄立即表示赞成和支持，并介绍她的弟弟宋子文给他们做朋友。时任中国银行董事长的宋子文以个人身份答应给予财政援助。

斯诺和艾黎共同起草了一个建立中国工业合作社的计划书，邀请上海租界里的一些中外人士在斯诺夫妇的寓所里开会。与会者赞同他们的计划，并决定成立一个"工业合作社设计委员会"，推举艾黎为负责人。

后来，斯诺还撰写了一本题为"人民的反击——中国工业合作社的经历"的宣传材料连同发展工业合作社的计划书及几张被日军炸毁的上海工厂的照片交给美国在上海办的《密勒氏评论》报的主编鲍威尔，由斯诺和艾黎出钱，印刷成中英文版的小册子，在中外人士中广为散发，争取支持。不久，上海工业合作社（简称"工合"）组织促进会成立。

斯诺还把英文本计划书送给英国驻华大使阿·克·卡尔爵士。这位大使风趣地说："上次我见到你时，你是一位新闻记者，现在，你成了工业家了。"他对斯诺的计划表示赞赏，但认为这个计划必须得到中国政府的支持。卡尔爵士到武汉时亲自向蒋介石的夫人宋美龄介绍了"工合"计划。

1937 年 12 月，南京失陷，国民政府迁往武汉。1938 年夏，斯诺经香港到武汉。他同艾黎多方奔走，几经周折，国民政府才勉强同意支持"工合"计划。为筹集"工合"的资金，斯诺夫妇把他们自己的大部分积蓄慷慨地捐献出来。1938 年 8 月，中国工业合作社协会在武汉正式成立，艾黎被任命为技术顾问，还请宋美龄担任名誉理事长，财政部部长孔祥熙为理事长。

"工合"成立后，斯诺不遗余力地为其发展四处奔走，被艾黎称为"工合"的旗手。自 1938 年到 1942 年，"工合"在支援中国人民的抗日战争中发挥了重要的作用。

白修德

——一位美国记者的中国情结

张建安

　　没有理由不相信美国记者白修德具有浓厚的中国情结。就是在中国这块土地上，他开始了自己的事业，经过或无聊或压抑或疑惑或愤怒或刺激的多变的生活，从一位默默无闻的小记者变成世界级的大记者、颇有争议的政治问题撰稿人。

　　在这里，他目睹了许多重大的历史性事件，以自己独特的眼光看待中国问题，采写了数量众多、影响巨大的中国报道。

　　也是在这里，他的思想发生着巨大的变化，以记者所应有的真实的声音，由拥护上司到对抗上司，由拥护蒋介石到对抗蒋介石，转而将希望寄托在中国共产党的身上……一系列的转变使他最终写出了极具影响力的著作《中国的惊雷》，之后又以不懈的努力获取美国新闻最高奖——"普利策"新闻奖，成为美国年轻记者的楷模。

　　在事业迈向辉煌的同时，他的生活却充满了动荡，不公正的待遇，一度失业，长时间的迫害，诸如此类，倒也使他的生命变得更加丰富多彩。

从哈佛到重庆

白修德（Teddy White），1915 年出生于美国波士顿犹太人街区一个律师家庭。14 岁时便失去父亲，家庭生活拮据，他不得不过早地品尝生活的重压，在道彻斯特的街车上卖报，以此来承担部分家务以及学费。19 岁时，他以优异成绩考取奖学金，进入负有盛名的哈佛大学学习历史，翌年转到该校的燕京学院专修汉语和中国历史，在汉学家费正清的指导下研究中国文化及社会政治。毕业时成绩优异，具备了丰富的汉学知识，并学会以历史学家的观点来分析社会现象。费正清从白修德身上看到了他所认识的斯诺的影子，觉得自己的高足最好是到新闻行当里闯世界，而且要想很好发展，最好是到中国。

1939 年，白修德怀揣着老师的举荐信，兴冲冲地前往中国，首先在上海找到驻华美国记者 J. B. 鲍威尔，接着由鲍威尔推荐给国民党中央宣传部副部长董显光。董显光正在物色人选，来帮他在重庆严密的检查条件下控制外国记者，白修德被选中。于是，追求报道自由的白修德无意中成为一名宣传官员，其任务是向外国报纸提供由国民党编造的虚假新闻。

当然，此时初出茅庐的白修德并不十分清楚自己的角色，他也根本不知道自己以前在美国所了解的中国情况，正是由国民党严格的检查制度下所筛选的报道。当时的美国一味地吹捧蒋介石政权，所有的报道也基本上遵循这一思路，于是白修德与其他许多美国人一样，认为蒋介石是一个值得尊敬的中国领袖，领导着自由中国单独作战。怀着这种想法，他到达重庆，充满好奇地观察这个几乎是一片废墟的城市。

刚到重庆的日子是艰苦而富有刺激的。不到一个月，白修德便亲身经历了 1939 年 5 月的大轰炸。天空中突然布满了日本的轰炸机，不到一分钟就扔下炸弹，城里一片混乱。等轰炸过后，白修德从岩石下面爬出，耳闻目睹了人间惨剧："人们可以听到，火舌吞噬竹子发出的噼啪噼啪声；到处一片嘈杂，女人号啕大哭，男人呼喊，小孩嚎叫。""有人靠着山岩坐着，或者躺在地上，在那里呻吟。我听见后巷里发出喊叫声，有几次我看到人们从山坡上的小巷里冲到大街上，衣服上燃着火，于是，他们在地上打滚，想把火熄灭。"恐惧降临重庆，同时也降临到这位在和平环境中长大的美国小伙子身上。

此时，住在重庆的美国记者共两人。因此，当美国新闻界有人对重庆事态感兴趣的时候，白修德的机会也随之降临。

幸运之神的眷顾

首先对重庆投注巨大兴趣的美国新闻界巨子是《时代》杂志的创办人、出版商亨利·卢斯（Henry Luce），这位传教士的儿子是在中国长大的，对中国怀有深厚的感情。中国形势越来越严峻之际，卢斯认为有必要派人在重庆发回连续的报道。1939 年 6 月，新聘担任《时代》远东主编的约翰·赫西（John Hersey）受命飞往重庆，在当地记者中物色一位可靠的提供信息的人员。他找到了在重庆的两名美国记者德丁与马丁，结果两人都向他推荐白修德。白修德因此一跃成为《时代》驻重庆的特派员，领取高额的薪水，并继续在国民党的宣传部任职。

宣传部的工作使白修德具有别人无法比拟的优越条件，他可以使邮件很容易地躲过检查人员的眼睛，从而将一些真实的情况源源不断地输往美国。例如他曾在给约翰·赫西的信中提到国民党的财政部部长孔祥熙，活灵活现地描述为："那个肥胖、双下巴、大腹便便的老头，所谓孔夫子的后裔。"有时候，他也不免窥探宣传部的一些内情，这使得董显光等人十分生气。当白修德决定将视野有所拓展时,他辞去了宣传部的职位,与董显光友好地分手。然后迫不及待地前往山西,要亲眼看看抗日前线。

山西之行使白修德受益匪浅,他整天骑在马上穿越战场,一视同仁地采访共产党和国民党士兵,目睹了活跃在中国农村的共产党游击战,写出了大量的第一手材料。他发往美国的材料生动而翔实,受到卢斯的高度重视。白修德很快声名大振。

20世纪三四十年代,《时代》是美国乃至世界最具影响的杂志。由于它的盛誉,白修德的地位也一步登天。他在重庆是《时代》的代表,于是被视为与驻外使馆人员有着相似身份的使节,常常受到外交官等名流的邀请,出入于上流社会。有着这样的身份,再加上白修德本人的素质——出色的口才,敏捷的思维,勃勃的生机,燃烧的热情,他很快成为一些重要人物的座上客,与外交官克尔爵士、史迪威将军、陈纳德将军、麦克阿瑟将军等建立了友好关系。

伴随着白修德对中国问题的深入考察与思考,他的情绪却变得越来越沮丧。他必须忍受重庆阴冷、厚重的天气,必须在大轰炸中躲进憋闷的防空洞,这些尚在其次,更令他难以忍受的是国民党宣传部的新闻封锁以及国民党政府暴露出的无能,他在1941年1月11日写信告诉费正清:人越在这里待下去,就变得越狼狈。在这里要经过三个阶段。第一阶段,你所看到的到处都是肮脏和污秽。第二阶段,你得接受这些肮脏和污秽,因为你看到善良勇敢的人们,在克服一切困难为这个国家而奋斗。第三阶段,在这些善良和勇敢背后,你看到的是腐败、贪污、阴谋、管理荒唐、怯懦、官员的贪婪。于是,人便不得不开始怀疑,怀疑之后便是挫折。我认为我比这座城市里的任何人更为了解这个国家的现状,但是了解却派不上用场。我们不能说出我们今天所了解的真相,因为这会伤害我们正在努力帮助的一个民族；而等到了明天，人们却又不会再对我们必须说出的一切有任何兴趣；不管如何，希望这不是真的。

很显然，此时的白修德尽管宣称自己最了解"这个国家的真相"，而事实并非如此。他只看到了一部分，而且他认为"不能说出真相，因为这会伤害我们正在努力帮助的一个民族"，这表明他对国民党的新闻封锁还存在某种"理解"，而他对蒋介石及国民党仍寄予很高的期望。

白修德没有不良嗜好，这使他能够以充足的精力投入到工作中。1941 年，白修德担任《时代》周刊驻重庆的记者。接着，他受命跑遍整个东南亚，包括法属印度支那、泰国、马来西亚、爪哇（当时是荷属东印度群岛的一部分）、菲律宾、香港，此次活动为他建立了相当广泛的关系。其中，最有收获的是他在马尼拉采访麦克阿瑟将军，采访文章刊登在《时代》杂志上，获得巨大的成功。在马尼拉期间，白修德被《时代》聘请为全职全薪记者，随即收到 1000 美元的奖金。等他准备返回中国时，他又收到一个可以随时回纽约任职的邀请。白修德的工作得到了全面认可。

幸运之神眷顾着白修德，当《时代》周刊的创办人卢斯携夫人于1941 年访问中国时，白修德本人就在重庆机场迎接他们。卢斯在美国具有举足轻重的地位，在新闻界呼风唤雨，而且一向支持蒋介石，因此，他的中国之行受到蒋介石的高度重视。可是，白修德却不管蒋介石那一套，他带着卢斯到处转，与卢斯乘坐黄包车到闹市区与市民交谈，告诉卢斯无数在美国想都想不到的事情真相。他还无所顾忌地描述着孔祥熙的贪婪、特务头子戴笠的险恶，以及皖南事件的内幕，等等。他敏捷的思维，滔滔不绝的讲说，新鲜的话题，使卢斯倍感兴趣。等卢斯离开中国的前两天，他已经决定聘白修德担任《时代》的远东主编。

真实的声音

白修德与卢斯返回美国，几个月后白修德重新回到中国，中国的形势已发生更大的变化。国民党的新闻检查制度变本加厉，在重庆的外国记者几无用武之地，白修德也受到压制，他感到重庆已没有一点生气。这种压抑的生活使白修德产生更多的怀疑，到1943年1月他与一位同行采访过河南后，所有的怀疑与压抑如火山的熔岩突然间迸发了出来。

河南的人间惨剧令白修德的神经大受刺激。他看到死亡中挣扎的人们，饥饿的村民想要把他从马上赶下来，以便可以吃他的马，他听到人吃人的故事，听到村民勒死孩子然后吃掉的事。他了解到当地政府对河南的旱灾不仅不能提供帮助，反而还想着法子从苦难的农民那里征税，而那些从外省弄来的提供给河南饥民的粮食，则被军队扣下，以至于军队粮仓里堆满过剩的粮食。白修德从随处可见的死尸身边走过，遍地的饿殍仿佛在向他诉说，促使他写出了《人吃人的河南灾荒》，里面不乏令人震惊的细节："一些人躺在沟里，一动不动。我们把一两人摇一摇，看他们是否仍旧活着。其中有一人微微动了动，我们将一张大钞票放在他的手里。他麻木的手指握住了这票子，但只是一个反射动作而已。接着，他的手指慢慢张开，票子在他摊开的手掌上抖动。另外一人躺在那里呻吟，我们摇动他，想方设法使他起来。他没有力气。我们求旁边一个女人帮忙，给她一张票子，可是当她伸手的时候，孩子跌下来跌在雪里，可怜地哭了。我们终于把这三个人都送到难民所，陪着我们的天主教神父说：'至少要让他们像人一样死去。'"在报道可怕现实的同时，白修德在文中指出，国民党政府和军队的横征暴敛和贪污腐化，是加重这场灾难的重要原因。

采访完毕，白修德在没有返回重庆之前，便迫不及待地将这些令世人震惊的稿件由洛阳发出，避开国民党的检查系统，直接到达纽约。紧接着在《时代》杂志上发表，然后又在美国各地报刊登出，影响很大。当时，宋美龄正在美国四处游说以争取美援，白修德的文章仿佛向她当头泼了一盆冷水，她生气极了，要求《时代》发行人卢斯解雇白修德。亲蒋的卢斯拒绝了宋的要求。

稿件发出后，白修德仍然被河南的"梦魇"包围着，回到重庆后，依然神经紧张、压抑、难受。他写信告诉朋友："那些事情至今我也难以相信，哪怕战争结束后我也不能原原本本告诉别人。"他仿佛不做出点事便誓不罢休，于是他去找孔祥熙、何应钦等，向他们反映他所见到的一切。当国防部部长何应钦不承认军队克扣粮食时，白修德大声与他争论。此事最终惊动了蒋介石，于是便有了白修德所描述的这段场景：

> 事情发展到我去见委员长本人。这个老家伙给我20分钟时间。他像往常一样，面无表情，冷冰冰的。坐在昏暗房间里的大椅子上一直一声不吭，只是表示同意或不同意。开始，他不相信我所报道的狗从土里扒出尸体的事情，于是，我就拿出福尔曼拍摄的照片给他看。接着，我告诉他，军队抢走老百姓的粮食，这个老家伙说这不可能。我说真的是这样。他便开始相信我，动笔记下我们旅程的时间、地点……

此后，蒋介石确实惩办了一批贪官，但在白修德看来已是无济于事，后来他概括他对蒋介石的认识过程："开始我尊重他，以后我为他惋惜，最后我鄙视他。"

惊喜的发现

白修德撩开了国民党腐败的一角，继续关注着中国。蒋介石与国民党的无能使白修德越来越失望，他正在寻找新的希望。积极抗战的中国共产党引起白修德的强烈兴趣，他期望了解共产党的内部情况，想去延安得到可靠的消息，这种想法受到国民党长期的压制。从1939年后的近5年时间里，国民党禁止中外新闻界访问解放区，直到1944年，经过多方面的斗争，蒋介石才被迫同意少数外国记者前往延安，白修德是幸运的一个。

1944年底，白修德到达延安，惊喜地发现了一个新的充满生机和希望的世界。他把在这儿的所见所闻与重庆相比较，把他所见到的毛泽东与蒋介石相比较，很容易地得出一个结论，毛泽东所领导的中国共产党才是中国未来的希望。他这样写道：

> 毛是一个身材奇伟的湖南人，一张圆脸，没有一丝皱纹，奇特地爽朗，比起蒋介石的那副道貌岸然的样子，他的脸是活泼得多而且堆着更多的笑容……他对于党的无可置疑的支配力，比起蒋介石对他的左右的支配力来，是更为密切，也更难以形容。这一部分是由于一种真实的爱戴，一部分由于他的无可匹比的知识上的杰出。

所有的一切都在发生变化，白修德与他的老板卢斯的分歧正不断加大。从20世纪30年代起，卢斯就是蒋介石的坚定支持者。如果在真实与新闻操作之间做一选择，卢斯倾向于后者。而白修德则不同。尽管二人有过很好的合作及很深的私人感情，尽管卢斯曾对白修德所提供的真实情况倍感欣喜，但白修德的思想正与卢斯所遵循的美国政策越来越远。分歧在所难免。白修德曾想方设法避开国民党的新闻封锁，将真实的报道发回美国，但这些报道免不了被卢斯派人修改，许多报道被改得面目全非。

1944 年，中缅战区司令官、蒋介石的参谋长史迪威将军离职返回美国，离职的一大原因就是他与蒋介石的失和。他认为，离开共产党的帮助，是不可能打败日本人的，这显然不能被蒋介石接受。同时这一内幕被蒋介石严密封锁，不允许世人知道。史迪威非常愤怒，临行的前几天，特地将白修德和另一位美国记者布鲁克斯·艾特金森叫到司令部，告诉他们外人所不知的内幕。为将内幕揭露出来，艾特金森专门随史迪威飞回美国，将这一独家新闻发表在《纽约时报》的头版，引起巨大的震动。艾特金森同时将白修德所写的报道交给《时代》。文章中，白修德将史迪威描写成一位英雄，并揭露蒋介石的腐败、堕落和独裁。可是，当卢斯拿到这一稿子后，却命令一个叫钱伯斯的编辑进行修改，"将之改编成一个充斥谎言、完全虚假的报道"，完全歪曲了作者的本意。白修德愤怒极了，向卢斯提出强烈的抗议，两人的关系大大地疏远了。到 1944 年底，白修德的文章已经无法在《时代》发表了。白修德并不因此改变自己的立场，他写信告诉卢斯：如果你坚持现行政策，你就不仅错了，而且害了美国，也害了中国。1945 年日本投降时，《时代》周刊准备以蒋介石为封面人物予以大力宣传，白修德发电文批评卢斯："如果《时代》明确地、无条件地支持蒋介石，我们就没有对千百万美国读者尽到责任。"卢斯则反过来抨击白修德太"左"，太靠近共产党。不久，白修德被召回美国。

白修德结束了数年的驻华记者生涯，他此时最想做的事情就是将中国的真实情况报道出来，于是他与安娜丽合作，一鼓作气写下了他的最重要的著作《中国的惊雷》。此书涉及从抗战爆发到第三次国内革命战争开始的中国历史，无情揭露了国民党的腐败，对于美国政府扶蒋反共的政策也表示了不满，认为"美国对华政策的历史，读起来就像一本《错误大全》撕下来的一页"。与之相反，他盛赞中国共产党，认为："迄今为止，与国民党相比，共产党是光芒四射的。在国民党腐化的地方，它是洁白的；在国民党愚昧的地方，它是英雄的；在国民党压迫人民的地方，它给人民带来了救济。整个抗战时期该党用英明的领导，不仅抗击敌军，保护人民，而且使人民脱离古老的苦难，这样获得了权威。"此书出版后，受到西方新闻界的普遍称赞，美国每月新书俱乐部曾把该书列为最佳读物，推荐给它的百万读者。全国报刊纷纷发表系列评论文章。

白修德的报道为他赢得了巨大的声誉，他本人也为此付出高昂的代价。他的护照曾被吊销，有过失业的经历，长期受到美国麦卡锡主义政治迫害，受到公开的和秘密的审查达 20 年之久。1961 年起，白修德首创以个人身份进行美国总统选举的专业报道，每年出版一卷《总统的诞生》，首卷即获美国最高新闻奖——普利策新闻奖，标志着他在美国新闻界的再度崛起。

白修德一直具有浓厚的中国情结，1972 年尼克松访华，他是随行记者团中的一员。1983 年，他又再度来到中国，故地重游，写了不少抒情文章。1986 年，白修德因病去世，而他的经历及著作则成为一段独特的历史，供人们研究。

有这样一个美国人

———

席　军

1984 年 6 月 15 日上午，国家主席李先念在北京人民大会堂会见了一位美国人，并同他共进午餐。当晚，中央电视台、中央人民广播电台均作了报道：电视上，李主席与这位美国人热情握手、亲切拥抱；电台称，这位美国人是"美国著名对华友好人士"。这位美国人叫约翰·谢伟思，他和我党领导人的接触早在抗日战争时期就开始了。

掩护邓颖超同志

1937 年，邓颖超同志因患肺结核病，在党组织的安排下，化名"李知凡太太"，几经辗转，住进北平西山平民疗养院治疗。七七事变以后，日军入侵华北，北平成了一座沦陷区。为使当时在北平的邓颖超能安全撤离，我地下党组织听说美国使馆准备把在北平的侨民撤离到天津，便请曾于 1936 年冒着生命危险访问陕北革命根据地的美国著名记者埃德加·斯诺予以帮忙，斯诺立即答应。第二天，邓颖超就和斯诺一起登上火车，坐进了美国大使馆包租的专厢。当时，负责掩护美国侨民撤退的是约翰·谢伟思。美国侨民们发现一位中国妇女进入车厢后，害怕受连累，立即报告了谢伟思。谢伟思得知情况后，心中也十分紧张。因为当时平津铁路沿线控制在日本人手中，几乎每到一站都有日军上来盘查，并且常有"可疑分子"被抓走。谢伟思立即询问："是谁把这位中国妇女带上车的?"斯诺马上应声说道："是我带上来的。这位中国妇女是我家的保姆阿妈。"谢伟思一听这话愣住了。因为他和斯诺关系非常好，几乎三两天就到斯诺家去一趟，可他从没有见过斯诺家有这么一位保姆阿妈。这时斯诺走过来把谢伟思拉到一边，告诉他这位妇女是自己采访陕北时结识的，是一位了不起的人物，绝不能让日本人发现。因为事情紧急，自己事先没能向谢伟思打招呼，但无论如何，谢伟思要保护好这位中国妇女的安全。谢伟思听了斯诺的话，连忙暗示斯诺别说了。他装出一副若无其事的样子，离开了斯诺。一路上，不时有日本人上车来骚扰，谢伟思总是站在专厢门口，利用自己外交官的身份，周旋了过去。在斯诺与谢伟思的共同掩护下，邓颖超安全到达天津，然后乘船经烟台绕道返回延安。

1982 年，斯诺夫人访问中国，在武汉谈到这件事时曾感慨地说："埃德（斯诺的爱称）是美国新闻界的优秀代表，埃德的好友约翰·谢伟思则是美国政府工作人员中的优秀代表。"

给乔冠华输血

1943 年，约翰·谢伟思担任了美国驻中缅印战区最高指挥官约瑟夫·史迪威将军的政治顾问，常驻重庆。这时，他与我党驻重庆办事处工作人员交往非常频繁，关系非常友好。他常去我党驻重庆办事处拜访，并多次与周恩来同志交谈。一天，他碰到了周恩来副主席的秘书龚澎，听说龚澎的丈夫——当时在重庆担任我党报纸国际评论主笔的乔冠华患了重病急需输血，他马上赶到医院。当时，乔冠华病情十分严重，我党许多同志想为他献血，但血型不符。谢伟思看到这情景，立刻要求输自己的血。医务人员们被这位美国人的举动惊得愣住了。有人向谢伟思说，输血的报酬是微薄的。谢伟思解释说，病人是自己的朋友，给朋友输血是不要钱的。就这样，谢伟思的血流进了乔冠华的血管里。在输血过程中，由于针尖太秃，加上那位抽血的护士技术不熟练，致使刚一输完血，谢伟思就晕了过去。

1971年，当谢伟思访问中国时，乔冠华专程前往上海迎接。

与我党领导人的交往

谢伟思在重庆时，经常前往八路军办事处与周恩来交谈，他曾深有感触地说："和周恩来交谈可以使我受到启发。"

1944年7月，谢伟思随美军观察组到达延安后，与我党领导人的接触非常频繁。他经常被邀请与领导人一起参加舞会，看文艺演出。

谢伟思的父亲是1908年来中国的传教士，谢伟思出生在中国四川成都，并在中国度过了自己的青少年时代。在延安时，谢伟思以"四川人"自居，并与朱德、陈毅、吴玉章、聂荣臻等人见面互称"老乡"，还共同照了一张"老乡们"的合影照以示留念。陈毅曾在谢伟思父亲办的教会学校上过学，他有时见到谢伟思，常开玩笑地用"我老师的儿子"来称呼谢伟思。

谢伟思与毛泽东的接触当时也很频繁，他曾这样谈到与毛泽东的接触。他说：

"在延安，我曾多次见到毛泽东，每周必有二至三次。我在各种场合见到他大约50次，其中有官方的会谈或无拘束的私人见面，一起讨论、聚餐、看戏以及其他招待会，公开讲演会，甚至在炎夏的傍晚在果园坚实的土地上举行周末舞会……按照中国人的身材来说，毛是高大的。他动作有点缓慢，有一种严肃和庄重的气派，然而并不是摆架子。他彬彬有礼，待人诚恳，神情间也许有一种腼腆含蓄，使人感到：他是在打量你。当人们跟他更熟悉一些的时候，情况就不同了。他会兴致勃勃、谈笑风生。他谈话机智俏皮，爱用中国古典譬喻，条理分明而又令人吃惊。对于一些问题，他似乎在进行逻辑推理前就能脱口而出，作出恰当而明晰的结论。几乎没有他不感兴趣的题目，几乎对所有的事情他都由于博览群书而无所不晓。和他谈话，有时你会感到被采访的是你自己。"

1945 年 3 月谢伟思离开延安。离延安前，毛泽东、朱德、周恩来三人一起来到美军观察组驻地为他送行。谢伟思回到美国后，于 6 月 6 日被美国联邦调查局以"亲共"的罪名逮捕。消息传到延安，《解放日报》为此专门发表社论，要求杜鲁门政府立即释放谢伟思，并第一次公开采用了"赫尔利之流"的提法。

1971 年，当中美关系刚出现转机时，周恩来总理在北京打听到谢伟思的消息后，立即用中国人民外交学会的名义，邀请他访华，并指示当时中国驻加拿大大使黄华为谢伟思办理入境手续。9 月 26 日，谢伟思到达中国，周恩来总理在处理"林彪事件"的百忙之中，两次会见了他，其中一次会见长达三小时。

阳早、寒春：在陕北的"美国老乡"

缪平均　刘文强　杨普秀

　　阳早和寒春是一对美国夫妇，他们从青年时代起就来到中国，投身于中国人民革命和建设的伟大事业。在延安，他们吃小米、住窑洞、饲养奶牛；在陕北三边，他们参加了创建新中国牧场的工作；在西安附近的草滩农场，他们同中国工人一道建设畜牧机械化；在首都北京，他们大力宣传延安精神，为中国的社会主义现代化建设贡献自己的力量。40多年的光阴，数万里征程，这两位美国朋友在中国广阔的田野上留下了艰苦奋斗的足迹，播下了友谊的种子，赢得了中国人民的尊敬和称颂。人们亲切地称他们是"咱们的美国老乡"。

　　"到中国去！"

　　阳早，原名欧文·恩格斯特，1918 年出生于美国纽约州的一个农民家庭。他的家里很穷，父母带着十个子女过着漂泊不定的生活。1938年，20 岁的阳早以做临时工所挣的一点钱作为学费，进入康奈尔大学学习农牧专业。由于自己和家庭的苦难经历，他常和同宿舍的朋友韩丁一起讨论人生和世界大事，探索改善社会处境的方法。正在这时，著名记者埃德加·斯诺访问记述红色中国的《红星照耀中国》一书问世了。阳早和韩丁深深地被它吸引住了，他们激动地说："人家不光讲革命道路，还真的发动群众，搞起了革命斗争，真了不起！"两个朋友进行了热烈的讨论，最后一致决定：应该到世界的那一边看看，到中国去！

1945 年，韩丁来到中国。在山城重庆，他见到了正在参加国共谈判的毛泽东。毛泽东和韩丁亲切交谈，问他为什么到中国来、来之前是搞什么的，并一连串询问了许多关于农业的问题。回到美国后，韩丁以激动的心情将他在中国的见闻告诉给了阳早。阳早听后非常兴奋，立刻变卖了自己的奶牛、马匹和一些机械，准备前往中国。由于当时的形势，公开去解放区是行不通的。在朋友的帮助下，阳早参加了联合国善后救济总署，到中国开展救济工作，身份是奶牛专家。

阳早去中国的消息传到了韩丁的妹妹寒春那里。寒春原名琼·辛顿，先在纽约州立大学学习 3 年，后又到芝加哥大学核子物理研究所读研究生，曾参加美国第一颗原子弹的试验工作，是成绩优异、为数甚少的年轻女物理学家之一。寒春也很向往中国，积极赞助哥哥和阳早的行动，并为阳早送行。

1946 年 3 月，阳早到联合国善后救济总署上海办事处工作，并设法同中共代表团驻沪办事处取得了联系。"我变卖家产，万里迢迢来到中国，就是为了去中国解放区！"这位美国青年激动地向办事处负责人说明来意。办事处负责人对阳早的行动十分赞赏，周恩来还在办事处接见了他。经过周密安排，阳早宣布脱离联合国善后救济总署，从上海来到北平。

当时，以叶剑英为首席代表的军事调处执行部中共代表团正同国民党谈判，他们热情地接待了阳早，准备护送他到解放区。有位工作人员问阳早："你到了中国，又要去解放区，要不要起个中国名字？""好啊！请你们帮个忙吧。"阳早十分高兴地说。大家想了又想，一位工作人员说："上海《大公报》有位进步记者叫羊枣，被国民党特务杀害了。他是一位深受尊敬的革命者，你用他的名字，表示继续他的事业，行吗？""太好了！"从此，他改名"阳早"，以表达与中国人民共同奋斗的信念。在北平短住了一段时期之后，在军调部工作的黄华把阳早送上了飞往延安的飞机。

战火中的"牛倌"

1946 年 10 月的一天，阳早乘飞机抵达延安。他怀着激动的心情欣赏着周围的一切：这里没有高楼大厦，没有繁华的市场，也没有红男绿女；八路军指战员穿着粗布军装，有的还打了补丁，但却干净整齐，精神抖擞；山西、河北解放区的人民正赶着毛驴，推着小车，挑着担子，运来大批粮食支援陕北受灾地区。阳早深深地感到，这里同花花世界美国不一样，同上海、北平这些国民党统治的大城市也完全不同，共产党是真正为人民谋幸福的。

几天之后，阳早来到延安杜甫川的光华农场。这个农场只有几十个人、几十亩地，还有从阎锡山统治区缴获的几十头奶牛。阳早被分配到畜牧组干他的老本行，这位畜牧专家打心眼里喜欢这几十头荷兰良种奶牛，精心地饲养、照料它们。在紧张的劳动之余，他还认真地学习汉语。一年之后，阳早已经基本掌握了汉语的日常用语，只不过带有明显的陕西口音。

正当阳早以喜悦的心情迎接他在延安的第一个春天的时候，胡宗南部于 1947 年 3 月向陕甘宁边区发动了猖狂进攻。党中央决定暂时撤离延安，边区政府机关和各直属单位准备转移。阳早对这个指示怎么也想不通。一天下午，一辆吉普车把阳早接到了中央军委所在地王家坪，在一间普通的平房前停住了。阳早推门进屋，只见几个美国人坐在那里，有马海德、李敦白，还有著名记者安娜·路易斯·斯特朗。一会儿，毛泽东、朱德、周恩来进来了，热情地同大家握手、问好。毛泽东操着湖南口音，微笑着问阳早："你是做什么工作的？"阳早回答说："我原是纽约州的农民，现在光华农场养奶牛。"这句话引起毛泽东的很大兴趣。他从头到脚仔细打量着阳早，兴奋地说："农民，好啊，中国是农业大国，欢迎你来帮我们搞农业技术。"早在美国看到斯诺《红星照耀中国》上那张毛泽东头戴红五星的照片时，阳早就从内心崇敬这位中国共产党领袖。今天他终于见到了毛泽东，同他握手、谈话，并得到他的赞扬和鼓励。当时已是敌人正要进犯延安的紧急关头，但这些共产党领袖却镇定自若，谈笑风生。阳早感到他们身上蕴藏着一种不可战胜的勇气、信心和力量。

毛泽东、朱德、周恩来热情地邀请美国朋友一起吃晚饭，然后由周恩来向大家介绍国内形势，说明中央暂时撤离延安的部署、指导思想和革命前途，美国朋友听得个个心服口服。谈完撤离计划后，周恩来说："这里很快就要打仗了，你们可以离开这里，也可以到蒋管区住一阵子。"阳早坚决地说："我不走，我要和同志们一起撤退，上级已经答应我了！"

敌人逼近了延安城。光华农场接到上级命令：实行战略转移，向延安城北撤退。敌人误以为这支农场队伍是解放军主力，便紧紧追赶。阳早他们使劲地轰赶着那些步履蹒跚的奶牛，艰难地行进着。傍晚时分，一条河流挡住去路。河并不很宽，但水流湍急，有的地方还打着漩涡，河面不时漂过几片薄冰。河面上一架由木头搭起的简易小桥，被水冲得摇摇晃晃。人可以相互搀扶着从桥上走到对岸，可那几十头奶牛怎么办呢？紧急关头，阳早决定自己和牛一起游过河去。他告诉大家："我们无论如何不能丢掉这些奶牛，它们为中央首长和边区的孩子们提供过牛奶，今后还要靠它们发展大牧场呢！"说着，他把牛一头头赶下水去，自己也"扑通"一声跳进冰冷的河水里，保护牛群前进。当阳早赶着牛游到对岸时，他的身体已经冻僵了。历时一年的转战结束后，领导和同志们对阳早作出高度评价。他们在对阳早的个人鉴定上这样写道："对革命胜利有信心，1947年战争中表现坚定。"

圣地花烛

在华盛顿送别阳早之后，寒春陷入深深的痛苦之中。原子弹爆炸时的火光，妇女儿童惨死前的呼叫，美国军方对科学研究的干涉，使这位年轻的核物理学家多年来走纯粹科学道路的幻想破灭了。正在这时，她接到阳早自中国的解放区发来的长信。信中对延安生活的描写，又使寒春看到希望所在。她拿定主意：到中国去，和阳早一起共同战斗！1948年初，寒春拎着一个手提箱，带着一部打字机，远渡太平洋来到上海。随后，她在进步人士的帮助下到了南京和郑州，两次试图进入解放区都未成功，只好返回上海，准备先去北平再寻机转往延安。4月，寒春来到北平，在中共地下组织的帮助下住了一段时间后，1949年2月，她告别了刚刚解放的北平，搭乘解放军的军用卡车，经过两个星期的颠簸来到延安。当时，阳早正在陕北瓦窑堡农具厂工作，闻讯后立即赶回延安同寒春见面。4月，这两位来自太平洋彼岸、志同道合的青年在延安结婚了。婚礼是在边区政府礼堂举行的，中国同志像过节一样筹办阳早、寒春的婚事。按照陕北风俗，青少年们点燃了鞭炮，乐队吹起唢呐、敲响锣鼓。为了使婚礼具有美国特点，大家还举行了简单的舞会。新房是边区政府接待组的客房，里面摆满了同志们赠送的礼品、喜幛、对联，不少同志还赋诗作画祝贺新喜。最醒目的是陕甘宁边区政府主席林伯渠赠送的"爱情与真理的结合"的喜幛和一副写着"万里良缘，圣地花烛"的喜联。

两个星期后，阳早和寒春一起回到瓦窑堡农具厂，投入到了紧张的工作当中。农具厂制作铁锅、铁犁，还有一个革新小组。他们改良了铁铧犁，还制造出水车和风车。业余时间大家看报、学文化、唱歌、演节目，中国同志积极学英文，阳早、寒春又成了他们的老师。这里一切都是那样真诚可爱，到处都是那样的生动活泼，他们打心眼里喜欢这个地方。

陕北的生活是艰苦的，这对年轻的美国夫妇却觉得苦中有甜、苦中有乐。一次，阳早过生日，按照美国的风俗要做个大蛋糕，插上蜡烛，以示祝贺。可当时陕北哪有蛋糕呢？聪明的寒春想出了一个好办法。傍晚时分，她拉着阳早的手说："今天是你的生日，我要对你表示最热烈的祝贺，祝你在陕北度过这难忘的日子。"说完，她转身捧出一样东西，那是一个用黄泥捏成的特大号双层"蛋糕"，上面刻了很多很细的花纹，乍看起来和真的一样，还在上面插了一根根小木棍当蜡烛。阳早高兴极了，双手捧起那个"蛋糕"，上下左右看个没够。这个生日，在陕北高原用泥蛋糕过的生日，永远清楚地印在阳早、寒春的记忆里。因为它代表着纯真的爱情，代表着他们同中国人民艰苦奋斗、创造崭新生活的崇高理想。

"要用延安精神搞四化"

1949 年 8 月，阳早、寒春和战友们向更偏僻、更艰苦的陕北定边县进发了。那里紧靠内蒙古，有着广阔的草原。根据陕甘宁边区政府建设厅的指示，要在那里建设一个三边牧场，场部设在定边县城川镇。阳早、寒春和同志们一起努力地工作着，他们尊重牧民的风俗习惯，学习他们的语言，不要任何报酬地为他们提供种畜，利用科学知识为牧畜防病治病。牧场的规模一天天发展起来了阳早、寒春和牧场工作人员成为牧民最可信赖的朋友。

1949 年 10 月 1 日，毛主席在北京天安门庄严宣告："中华人民共和国中央人民政府今天成立了！"新的生活开始了，阳早、寒春和草原上的人民一起纵情歌唱。

在三边牧场工作了两年之后，阳早、寒春被调到西安奶场工作。1955 年，他们来到西安城北 20 公里渭河之滨的草滩农场，和那里的工人、农民一起度过了十个春秋。他们克服重重困难，为农场设计建成了我国当时最先进的奶牛场自动化挤奶管道专用线，为我国奶牛场机械化作出了重要贡献。

1966 年 4 月，阳早、寒春被调到北京，阳早进了电影局，寒春在对外文委工作。在"文化大革命"中，有人怀疑他们是美国特务，孩子们在学校被孤立。阳早、寒春坚信中国共产党一贯主张实事求是，这些问题一定会得到澄清。1973 年 3 月 8 日，阳早、寒春出席了人民大会堂"三八"茶话会，周恩来同他们热情握手，并告诉他们：毛主席早就主张世界革命不分种族，中国人和外国人应该一样，主席很关心外国朋友。周总理还说："你们、我们都在经受考验，我们一块干革命。"这些充满真挚感情的话语，使阳早、寒春兴奋不已。

20 世纪 70 年代，阳早、寒春再次请求：到农村去，到边疆去。经黄华安排，他们又回到农村，来到北京郊区的红星公社，在牛场工作，先后担任北京市畜牧机械化顾问、农机部顾问、畜禽机械研究所副所长等职务。阳早、寒春从未忘记在延安、在陕北战斗的岁月，他们经常向人们宣传延安精神，对青少年进行革命传统教育，并诚恳地告诉周围的人们："必须继承和发扬革命传统，要用延安精神建设四个现代化。"

助手眼中的司徒雷登

王振中

解放前，我在南京任国民党"国大代表"、粮食部田粮署简任秘书。我家住在南京鼓楼傅厚岗，离广州路美国驻华大使馆不远。司徒雷登的私人顾问傅泾波住在官邸二楼，和司徒雷登卧室相邻，以便就近照顾他的起居。每隔一二日，我必去傅处，又因此认识司徒雷登。傅中文底子较差，一切和国民党政府的来往公文函电，以及应酬回复信件，皆由秘书罗嘉敏（上海人）专司其事。罗毕业于上海圣约翰大学，50岁左右。因他染有鸦片嗜好，经常误事，人又浮夸好说，便让他专给来往公文写英文提要。因为司徒雷登和傅泾波不大懂国民党公文所用的古汉语，故所有的公文，都需有英文提要，使其一目了然。傅恐罗嘉敏外泄机要函件，经常找我为其司笔墨。

不只是助手，更像是父子

傅泾波是土生土长的北京人，世居西四砖塔胡同，是1922年改组后的燕京大学（北平汇文大学、通州协和大学、协和女子大学合成）首届英语毕业生，因学习成绩优良而留校工作。他为人勤奋谦逊，勇于任事，逐渐得到司徒雷登的赏识。后为司徒校长办公室秘书，实际是校长助理。傅性情温和，头脑冷静，不骄不躁，与上至中外籍系主任、教授，下至职工，都非常融洽。尤能给司徒雷登出谋划策、排忧解难，故司徒雷登倚之如左右手。

1941 年 12 月，日本偷袭珍珠港美国海军，发动了太平洋战争。在北平的日本侵略军将司徒雷登逮捕，并占领校舍，逮捕大批爱国教授和学生。燕大被封闭解散，变成了兵营和马厩。这时司徒雷登已是望七之年的老人了，先后被拘禁于东交民巷美国兵营（现为地铁公安局和北京市政府私房落实办公室）、东单三条协和医院宿舍、东城外交部街伪华北政务委员会临时监狱（现为外交部宿舍）达 3 年零 8 个月，由日本宪兵队和少数伪北京宪兵司令汉奸邵文凯的宪兵监管。被关押者，除司徒雷登外，还有美国人，如协和医学院院长胡恒德等。

傅泾波在燕大被封闭后，在上有父母、下有子女、生活窘迫的情况下，辗转托人通过内部看管人员，经常给司徒送去衣物食品，使司徒雷登在没有自由的岁月中得到了极大慰藉。

1945 年 8 月 17 日，司徒雷登从幽禁生活中获释，已年整 70 岁，傅泾波牵头和燕大同事们为司徒庆祝七旬寿辰。接着协助司徒雷登积极筹划燕京大学复校事宜，陪同他去四川重庆与国民党政府教育部商量燕大复员办法。1945 年 10 月 10 日，燕大举行了规模盛大的抗日胜利后第一届开学典礼。之后，司徒雷登即去美国休假、疗养近半年，由傅泾波协助燕大校务委员会主席陆志韦主持校务。当司徒雷登由美国回来不久，即被杜鲁门任命为驻华大使。傅遂以私人顾问名义随同前往南京。

1949 年 4 月南京解放后，司徒雷登返美时，傅泾波拟同他一起走。

此事颇费了些周折，是经过黄华、龚澎向周恩来请示并得到总理批准的。黄华时任南京外侨管理处处长，曾是燕京大学学生。傅虽和黄华口头流露表示过要去美国，但终觉不够慎重。曾嘱我拟一简单信稿，由他用毛笔签名请黄华转给周总理，原函如下：

恩来先生：梅园聆教，隔阔经年，知公在平筹备建国大计，日理万机，故疏于通问。与黄华处长曾时相见，道公对余之关注，深感涵养有素，不事矜持，深觉疚愧。弟自抗战胜利，为老人（指司徒雷登）所要，由平来宁。幕府三年，殊无一得。今审量寸力，自知甚明。老人遄返华府行止已定，弟拟与之同行，可否预示。敬请

勋安

傅泾波七月二日

傅泾波也给龚澎（解放后曾任外交部部长助理，也是燕大同学）写了一信，请她就近向周总理反映，能准予成行。

周总理是在傅泾波出具了"离华后不做有害祖国的举动，并对自己的言行负责"的保证后，才通知南京军管会主任刘伯承，准予他们离宁的。对司徒雷登原先也要他写保证，后来放弃了。司徒雷登在免予写保证的情况下，却未能把美国大使馆总领事卡伯特和副领事奥利夫也带出来。

1949年8月2日，司徒雷登和傅泾波同乘美国军用飞机从南京明故宫机场离开中国，10日抵美。傅在华盛顿有一幢私产楼房，他把司徒雷登这位孤身老人接到一起居住，直到为其送终。

五次会晤蒋介石，说的都是老生常谈的问题，司徒雷登对蒋大失所望

傅泾波曾随同司徒雷登五次会晤蒋介石。

第一次是 1947 年 4 月 18 日下午。当时胡宗南集团正以死伤 1.8 万人的代价侵占延安。司徒雷登对傅泾波说："这是一个既浪费又空虚的华而不实的胜利。"而蒋介石却兴高采烈大做宣传，还组织中外记者去延安参观。胡宗南不得不弄虚作假，场面十分尴尬。同时，使蒋介石烦恼的是继高树勋邯郸起义没多久，2 月底在鲁南莱芜战役中，李仙洲又全军覆没被生俘。但在蒋介石内心中，还抱着胜败乃兵家常事的思想，有美国这个大后台老板支持，仍有恃无恐。这时，北平军调部已结束，《新华日报》也被迫停刊了。蒋介石在 3 月末召开的国民党六届三中全会，宣布与共产党彻底决裂，并积极改组有民社、青年两党参加的所谓民主联合政府，用这种伪装的民主自由，来维护他的法西斯统治，欺骗人民。

司徒雷登和蒋介石第一次会晤时，司徒首先对蒋改组成立新国民政府表示祝贺。蒋介石说，他领导下的国民党政府有信心和决心能在今年圣诞节前打败共产党。但军费激增，政府财政开支大为增加，去年一年的军费开支约 6 万亿元，政府财政捉襟见肘，要求司徒雷登增加美援，方能完成彻底消灭共产党之大计。

蒋介石又谈到东北战局进展缓慢，主要由于苏联支援共产党林彪。因旅大被苏联占着，国民党军队海运受到影响，妨碍接收东北五省。本欲用武力接收旅大，又易引起中苏纠纷，希望司徒雷登向美国总统报告，通过外交途径说服斯大林将旅大归还中国。

司徒雷登在谈到 1946 年 12 月沈崇事件之后，全国各大城市日益增

长的反美情绪和学生示威游行时说，这是由于中国政府在抗日战争胜利后，不能使人民有满意的生活，所以加深了人民的失望情绪，遂被学生中间共产党地下工作人员所利用；更兼滥发纸币、通货膨胀、物价飞涨、市场混乱、粮食缺乏，人民对政府不满。这必须要用经济改革来控制。希望蒋先生必须注意目前的形势，不能依赖武力镇压。既要相信自己的情报机构，也要听到大众的呼声，否则会造成共产党到处渗入的局面。司徒雷登希望蒋介石要收揽民心，使改组成立的联合政府能面貌一新，实现政治、经济、社会各方面的改革，撤换不得民心的、贪污的高级接收官员、整饬吏治等。司徒说，这自然还依靠许多因素，但主要依靠蒋先生的态度。

据傅泾波说，蒋介石是个刚愎自用、自信心极强的人，第一次会晤，他的态度志得意满，对于司徒雷登最后对他的建议和忠告，只是回答了两句："对大使先生的良好建议，我很感谢。"即起身握别。

第二次双方的晤谈，是在1947年7月15日下午。当时的内战形势是，中国人民解放军已开始战略大反攻，华东解放军在孟良崮战役全歼国民党御林军七十四师，击毙师长张灵甫；刘邓大军渡过黄河；东北西丰、开原等和在沈阳、长春、锦州外围的40多座县城均已解放，北京到锦州的国民党所谓的"北宁路走廊"的沿线重要旅游地北戴河，也被吕正操将军攻克。

美国总统杜鲁门于7月9日，依照国务卿马歇尔的建议，决定派在中国多年、深谙中国国情的魏德迈为总统特使来华进行"调查"。魏德迈来华的目的，是要寻找一个挽救国民党的有效办法，并加强对南京国民政府的控制。蒋介石期望魏德迈此行，能立即促成美国对国民党大量的经济和军事援助，遂指派宋子文、孙立人等为魏德迈调查团的特别联系人，又约司徒雷登在魏德迈即将来南京前和他见面商晤。

蒋介石和司徒谈话一开始，对魏德迈即将来华表示欢迎，称赞他是中国公认的朋友和了解中国问题的专家。他说他要把各省政府主席都召集到南京来，向魏德迈报告军事、政治、经济情况，请大使先生充分予以理解合作。

司徒雷登曾在6月中旬回北平燕大住了一段时期，并了解了东北和华北形势，和傅作义、李宗仁多次晤谈，这时刚回南京不久。他对蒋说，东北形势很严峻，这不仅仅是从军事观点来判断。东北人民对盼望多年的国民党极为失望，接收大员贪污腐化，掠夺国家财产，搜刮人民以肥己，引起人民强烈的仇恨情绪。华北老百姓的严重不满情绪也和东北相同，并且已经遍及东北、华南及全国各地。应当给东北马占山、张作相、华北傅作义等深得民心的地方领袖以实际的军政指挥权力，应当不分派系，放手使用他们。这样才能抵消共产党的力量，增强政府的威信。

傅泾波事后说，蒋介石对司徒雷登的观点没做正面的回答，却推说由于经济上的原因，造成军队厌战心理，所以美国增加援助是必要的。这次司徒雷登和蒋的会晤没有取得一致性的意见。

一周后，7月22日，魏德迈率领9人代表团来到南京。在听取了国民党军政官员的报告后，即到沈阳、抚顺、北平、天津、青岛、济南、上海、武汉、广州和台湾等地"巡视"，会见了当地政府官员和各界人士，召开了一连串的军事座谈会。魏德迈深感国民党政府的前途黯淡，各级官吏腐败无能。8月10日蒋介石约司徒雷登见面，进行第三次晤谈，想从侧面探听一下魏德迈在中国近20天的观感。

司徒雷登表示，美国一直准备用正当和可能的方式援助中国，条件是政府必须真正进行改革，才能得到人民的支持。在政治上，要党政分开，在国民党军队作战部署上，要同魏德迈和即将来华的美国军事顾问团长巴大维密切合作，共同指挥作战。魏德迈曾就军事行动所引起的不少特殊问题，向国防部长何应钦有所建议，也向蒋先生有所报告，但均不被重视，或口头答应实际上却不理。魏德迈将军在美国军事顾问团帮助下视察中国军队，感到士气和物质待遇极差，此问题不能疏忽大意。在文官中贪污腐化现象太猖獗，法纪上惩办不力。

傅泾波先生说，司徒和蒋介石以往的几次谈话当中，这些问题都已经是老生常谈了。可是蒋每次听司徒述说完，都表示基本上同意这些论点，而实际上并不去做。这次也是同样。蒋介石说他决定提高军政人员的待遇，叫他们适当地解决点生活困难，而不是准备采纳司徒的建议做激烈的改革。又说，他第二天就要去庐山，仔细研究司徒今天提出的问题；几天后回南京要做出一些重大决定。

8月22日，蒋介石邀请魏德迈在"国民政府扩大联席会议"上讲话。魏德迈除了为挽救国民党政府当前危局献计献策外，还对中央政府进行了尖锐的批评，指出，"中央政府不能以武力击败中国共产党，而只有立即改进政治及经济的状况，以争取人民群众衷心、热烈、至诚地拥护。中央政府在共产党的猛攻之下能否屹立，将决定这种政治与经济状况改进的效率与时机。"8月24日，魏德迈离华前发表了一个声明。声明除了把内战的责任推给中国共产党外，又重申了对蒋介石政府腐败无能的蔑视与不满。他说："在中国，我在各方面见到的是麻木与怠惰和许多中国人的卑怯失败主义，令人气馁和心灰意懒。为了恢复和维持人民的信任，国民政府必得立即施行彻底的、深远的政治和经济改革，徒恃军事力量绝对不能消灭共产主义。"魏德迈这篇声明，是在蒋介石于黄埔路自己的官邸中为魏举行的欢送茶会上宣读的。最后几句中，有"中国的复兴有待于富有感召力的领袖"一语，暗指的是李宗仁。蒋介石对这句含蓄的话十分恼火，除禁止报纸报道外，还给魏德迈一份备忘录加以辩解。

魏德迈离开南京第二天，即 8 月 25 日，蒋介石又单独召见傅泾波一次，询问美国是否有意逼他退休或者下台。傅先生因时机还未成熟，当然予以否认了。蒋介石还向傅许了不少愿，希望他能为自己的国家"戡乱""复兴"做出贡献。傅唯唯而已。

傅泾波第四次随同司徒雷登谒蒋，是 1947 年 9 月 28 日。这时，我华东野战军已挺进到苏皖豫地区，东北解放军开始了秋季攻势，国民党军被大量歼灭，双方军事力量的对比已发生了重大变化。陈、粟大军南下，对国民党徐州、郑州、开封所谓战略要地构成了极大的威胁。刘邓大军也进入大别山区，更使武汉、南京以及国民党长江防线突出地暴露出来。

魏德迈回到华盛顿后，曾向杜鲁门提出了长达 10 余万字的秘密报告。报告的主要内容是：（1）共产党军队在整个战局中操有战略上的主动，局势的继续恶化可能形成一个共产党统治下的中国，这对美国的利益是有害的。（2）南京国民政府最迫切需要的是政府的改组和改革、军事预算的缩减和外援。（3）美援计划最好是在特殊经济和军事范围内，由美国顾问监督执行。（4）由中国提出请求，联合国立即设法促成满洲战事的停止，并请求将满洲置于五强监护制度之下。如不成，则按照联合国宪章置于托管制度之下。杜鲁门和马歇尔害怕这个报告的内容传播出去会激起中国人民和世界人民的强烈反对，故将这一报告秘而不宣。

马歇尔将魏德迈这个报告的副本密询司徒雷登意见。司徒于 9 月 7 日答复说："目前中国局势表明，蒋介石已威望日下，甚至被目为将成为过去的人物。坐镇华北一桂系人物、北平行营主任李宗仁，则资望日高。"

司徒雷登和蒋介石见面后，司徒首先澄清关于中、美两国关系的许多谣言。蒋则强调要保证中、美两国间的长期友好关系。蒋不承认国民党军队的作战形势继续恶化。但司徒仍相信，虽然美国政府最近对蒋以《中美救济协定》《临时援助》等名目援助了 4600 万元，支持蒋打共产党，但从内战的形势来看，蒋介石要想扭转其被动的局面是愈加不容易了。

谈到第二次世界大战后对日和约的缔结，司徒问蒋的态度如何。蒋表示，"中国抗战八年，国家和老百姓损失惨重。日本投降后，共党叛乱，政府不得已而用兵，国家元气始终未恢复，如缔结和约，必须从日方得到相应赔偿。"蒋对麦克阿瑟将军对日本的姑深表遗憾。

傅泾波随司徒雷登最后一次和蒋会面，是 1948 年 6 月 10 日。这时蒋介石通过他一手策划的"行宪国大"，已当选为总统，李宗仁为副总统。当时东北大部地区已解放，国民党军被围困在沈阳、长春、锦州。华东、华北、西北解放军也解放了许多城市，国民党军队四处挨打，只剩招架之力。在国统区，通货膨胀，民不聊生；反蒋运动日益高涨，各地学生举行"反饥饿、反内战"的请愿大游行。接着又爆发了反美扶日运动，连司徒校长多年的北平燕京大学的教授们也联名写信给司徒雷登，对他 6 月 4 日发表的攻击中国学生反美扶日运动声明，严加指责。蒋介石在军事、经济遭到致命的失败、彷徨失措之际，约见司徒雷登共谋对策。蒋介石神情沮丧，老态毕现，言不由衷，头脑迟钝而健忘。在和司徒的谈话中，他不能像过去那样敏锐地做出决定，他对他摇摇欲坠的统治，业已缺乏控制能力。

傅泾波认为，蒋已变成了一个疲乏无力的老人，不能有效地应付国家的事务，下台应是时间问题了。回到官邸后，司徒雷登对傅泾波说："蒋的军事形势如不能扭转，中国各地的反美情绪日益高涨，此起彼伏，我则应向国务院报告，如美国政府继续支援蒋介石，结果将是徒劳无益的，只能使局势更加恶化，根本遏止不了共产党在中国的胜利。但是，共产党将来能否有能力承担蒋介石政府崩溃后的政府重担，我却非常怀疑。"

支持反动民族主义头子搞分裂，破坏和平解放

1945 年日本投降后，蒋介石不但没有惩治抗战期间叛国投敌的德王、李守信，反而将他们分别委派为"蒙旗先遣军总司令"和"热察先遣军总司令"。蒋的目的是利用这两个人来阻止八路军和乌兰夫蒙古军的接收。傅作义将军以国民党第十二战区司令长官率部进驻绥察后，德王上书蒋介石，企图再搞"蒙古自治"，为蒋所拒绝。但德王总想"东山再起"，自立为王，傅作义遂报请蒋介石将德王送到北平居住，不准他再回内蒙古活动。

德王表面上是"闭门思过"，感谢傅作义的"不咎既往"，而在内心里，却是"韬光养晦"，伺机再起。他积极联络旧部，妄图再搞"蒙古自治"。从 1945 年到 1948 年末，德王先通过傅泾波和时任北平燕京大学校长的司徒雷登相识，后又送给司徒雷登不少古玩字画，以投其所好。德王多次向司徒雷登和傅泾波大讲："国民党政府在内蒙古不得民心。现在内蒙古是危机四伏，外蒙古在苏联支持下企图染指内蒙古。现在东北已逐渐赤化，如果共产党把东北据为己有，如果苏联效法'九一八'后日本将满蒙凝成一片的满蒙政策，亦必影响美国利益。"他还鼓吹蒙人治蒙，建议美国政府支持他早点有所布置，"以免将来内蒙古落入苏联之手，华北亦将不保了"。

德王这种危言耸听的话，使司徒雷登颇为动容。在司徒雷登的支持下，德王在 1947 年春节后，曾派他的亲信迪力瓦等三人到美国华盛顿、纽约活动，向美国国务院和联大呼吁"蒙古建独立国"。后由国民党驻美大使顾维钧和国务院交涉勒令出境。德王在北平还和美国中央情报局驻远东的特务头目黎嘉森会面，幻想得到支持。

1948 年 10 月，辽沈战役前，蒋介石到沈阳途经北平，住在后圆恩寺行辕，德王曾去见蒋，想让蒋支持他回内蒙古搞自治，碰了一个钉子。他又去南京找傅泾波，求傅向司徒雷登进言，促使蒋同意。德王和傅泾波说："蒋总统情绪不好，对我说：如果共产党不消灭，民族也没有了，国家也就没有了，还谈什么内蒙古自治呢。现在是戡乱要紧。没容我有详陈利害的机会，匆匆数语就进去了。"

1949 年 1 月，北平和平解放前夕，国民党政府派飞机在北平东单机场接德王到南京。德王、司徒雷登对代总统李宗仁说："东蒙受共产党煽惑，已成立了内蒙人民自治政府，近来又渐向西蒙逼近，现仅存未被共产党侵占的西蒙各旗，宜速成立一个联合机构，以便收容不甘心受共产党宰割而西来的蒙古王公、军队和青年，共同联合起来抵御共产党。"在司徒雷登的支持下，李宗仁也同意了。

1 月下旬，北平和平解放前几天，德王到大使官邸向司徒雷登和傅泾波辞行，说他日内即随着国民党中央疏散迁到广州去了。在言谈中，德王认为淮海战役已失败，国民党政府退保西南，无暇顾及现在的蒙古问题，应当趁着共产党军队还没有到内蒙古西部的时候，到西蒙搞"蒙古自治"。希望得到美国的支持。不久，国民党政府给了德王一大笔钱。德王便由广州飞往兰州，和阿拉善旗扎萨克亲王达理扎雅及驻防该旗附近的国民党新三师师长白海风商量"蒙古自治"问题，并要求宁夏地方军阀马鸿逵、马鸿宾帮助。4 月初，德王在阿拉善左旗（巴彦浩特）成立了"蒙古自治筹备委员会"后，又来到南京，向李宗仁要求"内蒙自治"，并面交请愿书。主要是请求司徒雷登向美国政府反映，给予枪械弹药、飞机、经费，进行"蒙古自治"。德王把"蒙古自治"主要的希望，都寄托在司徒雷登身上。对于国民党政府，只是求得李宗仁的承认而已。当时离南京解放有半个月左右，国民党正搞"和谈"，李宗仁赤手空拳，又从哪里能拿出飞机、机械和经费来呢？司徒雷登让美国新闻处特务头子马滋交给德王四部电台和五名受过特务训练的蒙古族人，派到阿拉善盟（辖阿拉善左、右两旗和额济纳旗）的中蒙交界额济纳旗潜伏，支持德王的"蒙古自治"活动。司徒雷登后来还打算派使馆武官白智仁到巴彦浩特帮助德王。但人民解放军很快渡江，解放了南京，未能成行。德王与司徒雷登的联系也中断了。

司徒雷登在南京解放前，曾让驻乌鲁木齐美国领事巴懋勋和副领事马克南策动乌斯满武装反共叛乱，阻挠新疆和平解放。

乌斯满是国民党阿勒泰专区专员兼保安司令，又是哈萨克族部落头目，多年来拥兵割据一方，在伊宁、塔城一带地区有极人的势力影响。国民党新疆当局对他毫无办法。乌斯满是一个粗鲁无知、民族地方主义、排汉反共的顽固代表人物。早在1948年夏，马克南便同乌斯满策划组织了一个"保卫伊斯兰教反共反苏委员会"，美军通过空运，由印度给乌斯满大批枪械装备，活动极为嚣张。1949年9月末新疆和平解放后，马克南（正领事巴懋勋早已离新疆回南京）接到司徒雷登的指示，让他从巴基斯坦返美，不必再回到南京（美国驻南京大使馆在南京未解放前，有电台和马克南保持联系）。司徒雷登和美军顾问团研究后，曾电示马克南："乌斯满如抵挡不住共军，可去西藏，带所有的哈族去，在那里可以得到美国的援助。"乌斯满在新疆解放后继续为害地方，后在逃往西藏途中被生俘处决。

司徒雷登支持德王和乌斯满两幕丑剧是极不光彩的。此中内幕鲜为人知，均系我听傅泾波先生所讲。故述之。

南京解放以后，对国民党政府丧失信心，又有几分无奈和失落

1949 年 4 月南京解放后，司徒雷登仍然留在南京，没随国民党政府迁往广州。其目的是希图造成一个中国共产党和美国方面讨论建立相互关系的机会。他先让傅泾波去访黄华，后来又亲自和黄华晤过两次。但迁到广州的国民党政府却希望司徒雷登去那里讨论有关中国局势的各种问题，以便继续得到美国的支持。司徒雷登回答广州国民党的外交部长傅秉常说："我还不准备离开南京，我不能弃数千美国侨民于不顾。广州也不具备全部必要的接待外交官员的房舍、设施等，业已去广州的部分大使馆官员和他们的夫人子女，都感觉到那里的接待条件非常有限。和我一起没离开南京的大使，还有英国大使施蒂文、法国大使梅里霭。"司徒雷登在南京，只是见过黄华，和中国共产党的主要负责人并未取得任何联系。

司徒雷登曾一度试图和中国共产党的主要负责人取得联系，但毫无进展。以后，周裕康、黄华先后转达了毛泽东、周恩来邀请他去北平的信息，但后来因未获得杜鲁门的批准，未能成行。

傅泾波有一次和我谈到，在 1949 年 1 月中旬，司徒雷登曾派他向蒋介石、李宗仁建议过，政府应当吸收新血液，并实行改组，才能恢复人民的信任和支持。应和所有非共产主义党派和团体进行合作，组成一个也有共产党参加的联合政府。傅说，南京解放后，司徒雷登多次表示，要力促美国政府承认中共，主张中国知识分子与共产党合作。

傅泾波对我说，司徒雷登是个多重性格的人，他赞成美国承认中共，就是以多重身份来立言行事的。因为他做过多年的燕京大学校长，桃李满天下，是许多中国学生的老师，又是一个自由主义者，最后又成

为美国大使，所以他的言行具有多重的作用。

傅泾波又谈到：司徒雷登离南京前四天，曾在广州路搞了一个话别冷餐会。笔者也收到请柬参加了，有50多人，多是和司徒雷登、傅泾波往来的燕大学生和留过美的教育、科技界人士，有吴贻芳、陈鹤琴、卢前、倪青原、胡南林、范予遂、张潜华、刘不同等。也有留在南京的各使馆外交官们，其中有个黎培里是梵蒂冈天主教廷驻国民党南京政府公使，席间大发反共言论，最引人注意。

司徒雷登谈话时说："国民党领导人之间不团结，美国政府为它做任何事情都为时太晚了。我看到中国人民对中共统治并无反感。我在中国度过了40年，有时觉得自己像一个中国人，中国是我的第二故乡。如果出现某种运动能够赋予中国以一个正直、有效、有能力的中国第三方面人士来承担管理政府，而不是共产党一党统治的政府，美国将会全力予以支持。因为美国的兴趣，就是抑制共产主义。蒋介石的思想和方法已经过时，中国应该有一批自由主义者和共产党一同来管理政府。"

司徒雷登对中国共产党打败蒋介石的国民党并将组织政府，有六点看法。他说："第一，中国共产党是中国第一个实行其主义的政党，而国民党虽有三民主义却不曾奉行，大失民心。第二，共产党将继续执行国家主义政府，而不会使他们从属于莫斯科。第三，在中国共产党的领导人中，曾有过意见分歧，但不见得会出现大的分裂。第四，满洲将参加共产党中央政权，但要受苏联的控制。第五，共产党人具有组织的才能，但管理经济上有困难。第六，一旦整个中国被共产党征服，美国将来也要承认它。"言谈之间，颇有失落感。

（本文原题为《司徒雷登及其助手傅泾波》）

谍王佐尔格在中国的最后岁月

陈印 口述　叶德英 整理

　　理查德·佐尔格，德国人，"二战"中最富有传奇色彩的谍报人物。1930 年 1 月，他以德国记者、自由撰稿人的身份来到上海，开始了他三年的中国之行。他的真实身份是苏联红军总参谋部情报特工，在中国他以共产国际远东局情报部的身份与中共合作，组建了自己的情报网。

　　张放，笔名方文。曾用名：张金增、陈培生。新中国成立后长期使用名为刘进中。中共党员，1930 年进入共产国际远东情报局佐尔格情报小组工作，成为出色的国际特工。1944 年，在中国共产党领导下继续从事谍报工作。

为共产国际购买枪支

　　一天深夜，三声清脆的敲门声把刚刚入睡的父亲惊醒，他打开灯，侧着耳朵仔细听一会儿，又是三声清脆的、有节奏的敲门声。父亲知道，门外的人是佐尔格。半夜来敲门，父亲感觉到可能有什么重大的事情。佐尔格进来以后，神情很紧张，他把"牛兰夫妇"被捕的事，告诉了父亲。

"牛兰"的真实姓名为亚可夫·马特耶维奇·鲁德尼克，俄国十月革命时攻打冬宫的著名指挥官。牛兰（Nougat）只是他多个化名中的一个。20 世纪 20 年代中期，由于中国革命形势的逆转，共产国际驻中国的机构遭到破坏，1928 年春，牛兰被共产国际派往上海，以商人身份作掩护，秘密建立共产国际联络部中国联络站。1930 年 3 月牛兰重返上海，领导联络站的工作，全面负责共产国际执委会及远东局、青年共产国际与中国及亚洲各国共产党之间的联络，策划、安排这些组织驻华机构的人员往来、秘密活动及经费筹措等。

为便于开展活动，牛兰夫妇持有多国护照，在中国，他以"大都会贸易公司"等三家公司老板作掩护，登记八个信箱、七个电报号，租用十处住所。共产国际通过秘密渠道，将援助亚洲各国党的资金汇入该公司。共产国际通过牛兰的合法公司向亚洲各国左翼政党划拨经费。据记载，1930 年 8 月到 1931 年 6 月，援助中国共产党的资金平均每月达 2.5 万美元，高出其他支部十几倍。

1931 年 6 月，英国警方在新加坡逮捕了共产国际信使约瑟夫，并从他携带的文件中发现了牛兰在上海的电报挂号和信箱号，牛兰夫妇因此被租界的英国警察逮捕。

佐尔格严肃地对父亲说："过去的一年里，我们是赤手空拳钻进敌人的心脏，而今天，敌人逼到我们头上了，我们急需防御的武器，现在，我以共产国际的名义交给你任务，购买十支手枪，而且越快越好，必须完成！至于用途，你无须过问。"

一直做情报搜集工作的父亲没有想到佐尔格突然交给自己这样一个任务。他从未经历过枪林弹雨，也从没有和舞枪弄棒的人打过交道，情报小组的四个骨干，也都是刚走出校门没有上过战场的文弱书生，更没有任何荷枪实弹的经验。到哪儿才能弄到这些枪呢？

他想，武器必须通过军火商才能买到，于是就考虑怎么能够跟军火商搭上关系。突然，父亲脑中闪现出一名姓蔡的老板。蔡老板名蔡叔厚，是一位老共产党员，曾留学日本，专攻电机工程，回国后在上海法租界开设了一家小型的电机公司。他既是电机公司的老板，也是中共地下党的工作人员。蔡老板经商多年，人脉通达，也许他能帮助自己跟军火商联系上，父亲决定冒险一试。

没有想到，三天之后，蔡老板即通知拿货。这项看似难以完成的任务，完成得如此迅速，父亲和佐尔格都有点难以置信。但是，如果蔡老板真的已经顺利搞到了枪支，怎样才能安全地取回枪支，也是一个很大的难题。近几个月，上海的气氛很紧张，在马路上，随时可能发生搜查，外国巡捕经常突然出现在行人面前，拦截行人，搜查衣服。

父亲最后决定动用上海滩的著名花旦执行这次任务。我大姨蓝天当时是上海滩一名比较有名的话剧演员。她挺痛快地接受了这个任务。

为此，父亲煞费苦心。既不能告诉她这次任务的真相，还必须告诉她这个任务的危险性和隐秘性。蓝天对于姐姐、姐夫的嘱托心领神会。她打扮得很漂亮，拿着个大提包，把枪支装到里头，大摇大摆地在街上要了一辆出租车，把东西送到了指定地点。完成任务后，她还挺高兴，很轻松，对着父亲笑一笑说："完成任务了，是不是可以走了？"

很快，这批枪被佐尔格提走了。至于这批枪是做共产国际情报组织的人员防身之用，还是为其他工作准备，佐尔格没有说，父亲也不便问。十支手枪交给佐尔格之后，就没有了下文。

侦察牛兰夫妇下落

1932 年初的一个深夜里，佐尔格紧急约助手父亲来到了位于霞飞路的一幢房子。这里，是美国进步作家、著名记者史沫特莱的寓所。一度，史沫特莱的寓所，成了佐尔格情报小组会商工作的地点之一。此次的营救任务又一次落在父亲身上。

牛兰夫妇系共产国际重要负责人，并且手中掌握大量各国共产党的机密情报，因此，牛兰夫妇的被捕，让位于莫斯科的共产国际总部甚为恐慌，更令莫斯科担忧的是，在牛兰夫妇的秘密联络站里，依然存放着共产国际的大批绝密文件，这些文件一旦被搜出，后果将不堪设想。所以，莫斯科果断作出决定，不计成本和代价，营救牛兰夫妇。

那么，如何营救牛兰夫妇？又由谁来实施营救呢？莫斯科总部想起一个人：佐尔格。佐尔格，这位堪称世界谍报史上"红色谍王"，在 20 个世纪 30 年代，曾经活跃在中国的上海。

牛兰夫妇被捕后，并没有暴露自己的真实身份，藏在据点里的秘密情报也始终没有被敌人获得。他们拒绝回答一切问题，同时指定一位德国律师出面交涉。警方最初试图从嫌疑人手中持有的多国护照入手，查清他们的来历。但是，当时上海持多国护照的外国人并不罕见。令英国警方始料不及的是，牛兰夫妇的真实身份还没有搞清楚，他们的秘密逮捕行动，却引来了一次次抗议。由于牛兰夫妇的公开身份是泛太平洋产业同盟的工作人员，因此，先有法国工会联盟发来的电报，抗议警方逮捕工会秘书，接着，国际反帝同盟又发起了"保卫无罪的工会秘书"运动，上海公共租界的警察感到这个案子很棘手，所以，在查无实据的情况下，决定放人。然而，几天之后，突然没有下文了，有传言说牛兰夫妇的案子突然被国民党当局秘密接手了。其原因是，牛兰夫妇在公共租界被英国警察逮捕一个多月之前，中共高级领导人顾顺章被捕并叛变，牵出牛兰夫妇，因此，牛兰夫妇被蒋介石政府秘密引渡了。

事实上，顾顺章被捕叛变后，的确供出共产国际在上海有个联络站，负责人是个德国人，绰号叫"牛轧糖"。但是，由于他不掌握"牛轧糖"的具体身份和联络地点，所以，国民党特务根本无法查到他们的下落，直到一个多月后，牛兰夫妇在租界被英国警察逮捕，国民党才怀疑这对持有德国护照的夫妇，也许就是顾顺章所供的"牛轧糖"。

但是，牛兰夫妇是外国人，是欧洲国家的合法公民，即使是国民党政府怀疑牛兰夫妇就是顾顺章所说的"牛轧糖"，按照当时帝国主义国家在华实行治外法权的惯例，牛兰夫妇的案子，蒋介石政府的法律是根本无权干涉的。如果真是蒋介石政府秘密接手了这个案子，外国人因共产党的罪名在中国被捕，涉嫌违法，必将受到国际社会的关注，那么，能把这件事情公布于世，也就等于抓住了蒋介石的软肋。然而，现在一个十分棘手的问题是，有关牛兰夫妇被引渡只是个传言，蒋介石政府根本就不承认引渡了牛兰夫妇，共产国际手中也没有蒋介石政府扣押牛兰夫妇的证据，因此，抗议活动就无从做起。

莫斯科指示，营救活动分两步走：第一步是秘密斗争，由佐尔格情报小组侦察牛兰夫妇的下落，拿到蒋介石秘密关押他们的证据；第二步是公开斗争，由史沫特莱号召国际上有影响的人士进行抗议。

如此说来，侦察牛兰夫妇的下落，成了这次国际大营救的关键环节。那么，如何侦察牛兰夫妇的下落？怎样抓住蒋介石政府的把柄、拿到他们秘密引渡牛兰夫妇的证据呢？侦察工作最终又一次落到了父亲的头上。

牛兰夫妇到底关在哪里呢？是在上海英租界的巡捕房呢？还是像人们传说的那样，已经引渡到了南京？如果已经到了南京，究竟在哪个机关关押？是在警备司令部、警察局，还是在特务机关或是中统局？

这不是一般的寻人，可以到处打听，它的特别之处还在于，只有从事机密工作的特务们，才有可能知道其下落，而上海滩的特务们，正在拉开大网到处搜捕共产党人，向他们打听情况，无异于自投罗网。

在白色恐怖下，怎样打开突破口，成了困扰父亲的巨大难题。这是一项十分艰巨的国际斗争，稍有疏忽，不但不能救出牛兰夫妇，共产国际的其他工作人员，也有可能被敌人发现和跟踪，造成更大的损失。因此，没有确切的把握，绝不能轻举妄动。但是，此时，又有小道消息传来，说是蒋介石已经准备秘密处死牛兰夫妇，情况十万火急。

接到任务后，父亲就从家跑到跑马厅，又从跑马厅跑到外滩公园，再从外滩公园跑到吴淞口，希望在这些地方找到一些蛛丝马迹。但是，几天下来，尽管他使出了浑身解数，依然是杳无音信。

有一天，佐尔格又来找我父亲。看到父亲苦恼的样子，佐尔格知道这个任务马上完成比较困难，所以他也很着急。于是他俩开始一块儿分析起来。既然牛兰夫妇的被捕是因顾顺章叛变引起的，所以应该能断定他们被关押在南京。在国民党的分工里，反共是 CC 特务的主要任务，因此目标就应该锁定在国民党 CC 特务身上。而 CC 特务基本上操纵在浙江帮的手里。由此，他们推断，营救工作应该从浙江的社会关系开始入手。

父亲说，他认识一个江浙人，叫柳忆遥。取得佐尔格同意后，父亲向柳忆遥打探情况。过了两天，柳忆遥就来找父亲，他说，他亲戚中有一个人认识国民党的高级干部，叫张冲，是不是可以通过他来打听这件事。

按照佐尔格的指示，柳忆遥对张冲的情况取得了如下的材料：张冲，浙江乐清人，曾在浙江省立第十中学毕业，后到北京进入北京交通大学，专攻俄文。不久官费到苏联留学，回国后在东北哈尔滨等地主持国民党党务，曾被军阀张作霖逮捕。出狱后，到南京任国民党中央组织部调查科总干事，实际上是中统局前身的主要负责人之一。

根据这些材料，佐尔格做出了下面的分析：第一，张冲在国民党CC特务机关里，应该有较高的地位，肯定对"牛兰"案件有所了解；第二，他去过苏联，对苏联十月革命和共产党当然也有所了解，在思想上不一定是个强硬派。根据这两个估计，佐尔格作出决定：可以让柳忆遥的亲戚冒险向张冲打探一下。

重金收买国民党高官

几天过后，柳忆遥那边就传来消息：牛兰夫妇确实被关押在南京，而且，这个案子正巧由张冲主管。父亲十分高兴，马上向佐尔格报告了这个特大的喜讯。没想到佐尔格却说，消息虽好，但不能证明它是真的。他此时提出一个苛刻的要求：必须要让张冲递出一个牛兰亲笔写的字条来，才能证明牛兰确实在南京。有了这个确凿的证据，共产国际才能发动反蒋抗议活动，如果没有这个证明，蒋介石就可以不认账，运动就没有力量，也无法打击蒋介石的要害。蒋介石还有可能把牛兰夫妇秘密处死。这样一来，不但不能营救出牛兰夫妇，还会促使蒋介石果断地下手杀人。

从营救工作的理论上，佐尔格说得十分有理。但是父亲却不敢苟同他的观点。张冲拿到一张牛兰的亲笔字条是不难，可是，让他把这样一张字条交给共产党，这不是等于让他自己制造一张"暗通共产党"的罪证吗？递出这样一张字条，老蒋会放过他吗？父亲认为，张冲绝对不可能为了老乡的情谊，冒着杀头的危险，为共产党递出这样一个凭证来。然而，佐尔格却很自信，他认为：既然我们党内出了顾顺章，那么国民党内就不能够出现张顺章、李顺章吗？

最后，父亲还是遵照佐尔格的指示，把任务布置给了柳忆遥。时间一天天过去，柳忆遥这边却一直没有消息。正当佐尔格和助手打算筹划另外途径的时候，柳忆遥这边却突然传来消息说，可以拿出文字，但是条件是要3万美元。

3万美元是个天文数字。父亲接到情报后赶快向佐尔格报告。佐尔格却坚决认为这3万美元应该付，但条件是要先交货，后付钱。他很快与共产国际远东情报局第四情报部取得联系。上级肯定了佐尔格的做法，并积极筹备这笔钱，准备派两名情报员分两条线路把钱送到上海。

然而，如果狡猾的国民党军统特务不肯先交货，一定要先交钱怎么办呢？如果交了钱后，对方不拿出手迹，又该怎么办呢？如果我方坚持先交货再给钱，对方停止了交易，该怎么办呢？如果对方跟踪这一消息，把共产国际的情报小组一网打尽，又该怎么办呢？接下来又是许多天如坐针毡的等待。

一天下午，柳忆遥突然来到交通站。他进门以后，把衣服掀了起来，从衣角里取出一个长三寸、宽一寸的纸条，父亲打开一看，看不懂，是俄文写的两排字。他急忙电话通知佐尔格。佐尔格当时说，要进一步认定是不是牛兰的字迹。过了不久，佐尔格传来消息：确实是牛兰的字迹。

随后，经莫斯科发出进一步指令，营救牛兰夫妇的任务已从秘密转向公开。很快，在欧美进步报刊上，刊登了国民党政府秘密逮捕了国际职工运动在上海的工作人员牛兰夫妇以及他们3岁儿子的新闻。之后，在女作家史沫特莱的努力下，很快，世界上著名的学者如爱因斯坦、罗曼·罗兰、高尔基、宋庆龄等，纷纷在报纸上发表抗议，让蒋介石公布逮捕人的证据。这就是轰动一时的牛兰案件。

被将了一军的蒋介石政府十分被动,他既不敢公布此案,又不能拿出任何证据。

1932 年 5 月,国民党军事当局迫于种种压力,以江苏省高等法院刑事庭的名义开庭审理牛兰案件。庭审在南京、苏州两地进行了多次,先后几十名中外记者经特许到庭旁听。

在法庭上,牛兰夫妇及辩护律师一次次揭露和抗议国民党当局的非法行为,如,中国法院审理在华享有领事裁判权的外国人违犯中国有关法规,法院不允许被告聘请外籍律师、阻止律师了解案情,嫌疑犯被关押一年超过了中国法律允许的时限……所有一切由法国路透社、德国新闻社、上海英文版《中国论坛》《申报》等中外传媒作了大量连续报道。声援营救牛兰夫妇,谴责国民党的法西斯行径的国际性运动也因此达到高潮。

牛兰夫妇的营救工作由秘密和公开两部分组成,秘密阶段由佐尔格负责,公开阶段由史沫特莱负责。每个阶段都取得了圆满的结果。

1932 年 8 月 19 日,国民党当局在内部分歧和世界舆论的双重困扰下,以扰乱治安、触犯“危害民国紧急治罪法”的罪名,判处牛兰夫妇死刑,又援引大赦条例,减判无期徒刑。后来,他们被秘密遣送回国。

至此,营救工作宣布结束。

佐尔格离开中国

营救牛兰夫妇是佐尔格小组在中国工作的高潮,也是导致他很快撤离回国的原因。3 万美元的政治交易,究竟属于什么性质的问题?牛兰案件是终结了,但这个交易的线索却无法终结:张冲是何等人?为什么他要冒这么大的风险,为共产国际传递这样一张字条?他是主动向共产党示好,还是另有企图?抑或他是不为人知的中共卧底人员?或者真如佐尔格估计的那样，是国民党里出现的张顺章、马顺章？

无论如何，这笔交易，让佐尔格情报小组暴露在了国民党特务的视线范围内，只要他们跟踪搜索，很快就会被一网打尽。在与张冲的交易前，佐尔格的种种分析，不过是一种乐观的估计，并不能排除发生危险的可能。因此，这条线索必须割断，而割断的办法只有一个，那就是佐尔格及所有参与营救的人，马上撤离中国。

牛兰案件后，佐尔格接到命令，匆匆离开中国，从此再也没有回来。

一个日本人在东北 24 年所见

铃木正信 著　王泰平 译

2005 年，我从日中友好会馆的同事石尾喜代子那里得到一本小册子，在其中我知道了不少关于我国东北历史的新鲜事儿。确切地说，是印证了以前听说过的不少事，增加了不少感性认识。

这本题名为"我在中国的体验——混沌时代的回忆与省察"的小书，是作者铃木正信接受采访的记录。现为创价大学文学部教授的铃木正信，祖籍是日本山形县，因为他的父亲铃木正雄 1929 年时在满铁（南满洲铁道株式会社）当工程师，所以他于当年 6 月生于"满洲国"的大连。

"九一八"事变前日本家属已得知消息

我两岁时发生了"满洲事变"，即"九一八"事变。那年春天，我父亲从大连调到奉天（沈阳）工作。可是，9 月初，父亲又突然把家眷送回大连。后来听父亲说，这是因为他在奉天山形县人会的一次例会

"九一八"事变日军占领沈阳

上，关东军的一个参谋给他打耳语，叫他马上把家属送回大连避难。我
父亲问为什么，那个参谋说："你别问为什么，具体的事情我不能说，
但我可以告诉你，这里要出点事。所以，你要赶快把家属送回去。"于
是，父亲马上把妻子和孩子们送回大连了。不久，"满洲事变"就爆
发了。

给我父亲打耳语的那个军官是石原莞尔。石原跟我父亲是同级生，
两人都是明治 22 年生人。石原当时是关东军高级参谋，可能是中校军
衔。他就是策划和发动"满洲事变"的罪魁祸首，指挥柳条湖爆破作业
的就是他。（译者注：2005 年 7 月 15 日的《读卖新闻》早刊出了一个远
东国际军事法庭审判的专辑。关于石原莞尔是这样写的："在免于追诉
的大人物中，石原莞尔是其中之一。原陆军中将石原是在满洲建设王道
乐土计划的立案人、柳条湖事件等谋略的中心人物。检察方也掌握了有
关事实。"检察方虽很快把他选定为被告，但因他患膀胱癌住进医院，
错过了讯问的机会，所以在最终决定的阶段，没有搜集到充分的证

据。）

石原作为辩护方的证人虽被要求传唤出庭，但他当时正在山形县高濑村（现游佐町）疗养，不能出庭。为此，在山形县酒田市特设了临时法庭。石原于1947年5月接受了检察方的讯问。他说："没被作为战犯被告传唤到庭，我感到不可思议。"

关于"满洲事变"，他强调说："这不是阴谋，是自卫行动。"证言中未发现新的事实。从法庭回去的路上，他乘坐的车子撞到松树根上，当时出了血，从此身体一直不好，于1949年8月死去了。

东北人民有"三恨"：一恨关东军；二恨满铁；三恨协和会

从大正结束到昭和初期，大连作为殖民地，对日本人来说，真是一个理想的地方。那里的气候跟日本差不多，有樱花，还有各种海鲜。

满铁是日本在日俄战争中取胜后从俄国手中取得的权益。满铁指的是从新京（长春）到大连那一段。从长春到哈尔滨当时还叫北清铁道（北铁），是苏联经营的。1935年、1936年左右，日本向苏联施加压力的结果，是接管了北铁这一段铁路。曾参与接管北铁的父亲告诉我，日本接管了北清铁道后，立即着手把宽轨改成窄轨，以与满铁统一起来。从新京到哈尔滨的线路有250公里长，可当时搞人海战术，动员了几万名苦力，一晚上就完成了改轨的工程。

旧满洲东北地区的中国人有"三恨"：一恨关东军；二恨满铁；三恨协和会。协和会是支撑傀儡国家满洲国的官民合一的政治团体。日本在战争期间，成立了旨在支持战争的大正翼赞会，协和会就是仿效它在东北组建的，（成员）几乎都是强迫加入的。日本人的头头都一律穿草绿色立领制服。民间人士、官僚、有影响的中国人也被强迫加入，让他

苏军进入东北

们协助干坏事。对一般中国人而言，这本来就是一个可恶的为军国主义服务的团体，加上这个协和会的干部们利欲熏心，干了许多伤天害理的勾当，所以格外遭到中国民众的憎恨。为什么恨关东军，这个不言而喻。至于恨满铁，是因为它并不是普通的铁道公司，而是殖民主义经营的大国策公司，不仅在经济上控制整个满洲、整个东北地区，而且还把手伸到各个领域。满铁的员工及其家属榨取掠夺中国人，作威作福，自己却过着非常优雅的生活。尤其是在大连，那是很典型的殖民者的生活方式。

满洲当时有各种各样的日本人，其中有一群人叫开拓团。他们是在"王道乐土""五族协和"等蛊惑人心的口号下，被强制、半强制地离乡背井，移民满洲的。他们从中国老百姓手中抢走土地，建立起村落。可是，日本战败后，这些人就被上面抛弃，成了弃民。最先被抛弃的就是他们，所以，才出现许多残留妇女、残留孤儿。

说到弃民，许多当兵的也被抛弃了，有几十万人被送到西伯利亚，好几万人死掉了。而像731部队的石井四郎中将之流，早就溜回国了。他本应作为战犯处以绞刑的，但因他把搞细菌战的研究成果、试验内容、技术资料等所有的数据资料都交给了美军，结果被盟军总司令部（GHQ）免于追究责任，没有当战犯问罪。这完全是一种交易，是美国式司法交易。事实就是如此呀。我们老百姓也全都被关东军抛弃了。（译者注：2005年7月15日的《读卖新闻》写道：石井四郎是军医，是在中国设置的几处细菌、毒气武器研究开发部队的负责人。曾使几千名俘虏和被抓扣的老百姓成为生体试验的牺牲品。他如果出庭受审，肯定会被问以人道罪。但竟以向美军提供情报为条件，免于起诉。他向美方提供的情报，直到现在也未公开。）

在伪满洲国收音机上听到日本战败的消息

1945年8月6日，原子弹扔到广岛，9日又投到长崎。可是，当时只听说是一种非常厉害的新型炸弹投到广岛，长崎也挨炸了。因为在满洲只能听广播，就只能知道到这种程度。当时并没有说死了多少人，也没用"原子弹"这个词。

8月15日早晨，我们学校通过紧急时的学生联络网，通知大家正午到礼堂集合。那里放着一台收音机，里面嘎嘎响，根本听不清说的什么。正在摸不着头脑的时候，看到在场的校长、教导主任和两个负责军训的教官都哭了。这才知道，这原来是天皇陛下8月15日正午的终战勅语广播，即昭和天皇的"玉音放送"。这种"玉音放送"是有史以来第一次，听说是天皇站在麦克风前面直接讲的。……当时虽然没用"无条件投降"这个词，但听后意识到战败了，仗打完了。听完后，我们赶紧跑到院子里挖坑，把发给学生们的枪埋藏起来。这当然是为了消灭证据。因为苏军要来，被他们发现可不得了。

在美国向长崎投下原子弹的同一天，苏联突然进攻满洲。苏联与日本原是签订了互不侵犯条约的。实际上，斯大林早就向丘吉尔作出承诺：苏联打败德国三个月后对日宣战。日本人并不知道此事，像傻瓜一样在败局已定的阶段还让苏联居中调停，以图跟英美停战。其实，苏联早就开始做对日宣战的准备了。

苏联士兵很多是西伯利亚的囚犯

斯大林在 1945 年 2 月的雅尔塔会谈中，承诺打败德国三个月后打日本。德国投降是 5 月份。因为从欧洲战线到苏满边境必须横越西伯利亚大陆，大量运兵十分困难，苏联就从西伯利亚流放地把一些年轻力壮的囚犯集中起来，组成了混成军团。连长、营长级的都配备的是正规的军官，但下面的就全是犯人了。

我还记得，8 月 12 日、13 日的时候，听到了爆破声。在远处，整天砰、砰、砰地响，当时并不知道是怎么回事。后来才知道，那是 731部队在爆破搞生物化学武器、搞细菌战研究和试验的工厂。那个厂子在哈尔滨市郊外平房里。听说苏军要打进来，他们赶在这之前，拼命地把部队的建筑物、试验室及相关的东西都炸毁了，以消灭证据。爆破声一连响了两三天。

1945 年 8 月日本投降前后，关东军的精锐部队都抽调到南方和冲绳去了，剩下的都是 40 多岁的人，武器也不好，一个班只有两支枪，其余的人拿的都是木头枪。正是由于这种原因，苏军几乎在没有遭到抵抗的情况下，长驱直入，一下子就占领了哈尔滨。

八路军的纪律严明给日本人留下了深刻的印象

日本在东北建了不少设施，这些东西本来应留给中国。可是，苏军从发电厂的涡轮机到工厂的机器，甚至连电影院的椅子套都不放过，我家的榻榻米也被揭下来带走了。

大家以为，苏联老大哥把哈尔滨祸害成那个样子，八路军小弟弟来了，会更糟糕吧。而且，八路军进城时，果然都衣衫褴褛，脚穿草鞋，活像一群叫花子。浑身脏兮兮的，哪像个军队啊！我们都骂："这是一帮土匪！"可是，万没想到，他们进城后，苏联大兵干的那些勾当，一件也没发生过。这让我们都非常吃惊。

在我家附近，驻了一个排，他们一住下来就到我家来了。来的人像是一个班长，我们本来以为他是来抢东西的，可他说来借饭碗。于是，我母亲就收罗了七八个碗给他。没想到四五天后，他来还了。对打碎了一个碗，他郑重其事地道歉，并赔了钱，其余的碗都洗得干干净净的。这叫我妈妈感到吃惊。她感叹道，苏联的军队把咱家祸害成那样，这些当兵的可不一样啊！别看他们脏兮兮的，几个月都没洗澡了，满脸铁黑发臭，可那些孩子们，那些年轻的军人的眼睛却令人喜爱，真是与苏联的军人不一样啊！

所谓支那兵、支那军队，指的是过去的军阀、国民党的军队。过去的谚语云："好铁不打钉，好人不当兵。"在中国，当兵的净是些社会渣滓、地痞流氓之类不可救药之徒。但是，八路军却不一样。这支军队有严明的纪律，从上到下都能彻底遵循毛泽东的教导，执行不拿群众一针一线、借了东西一定要还等"三大纪律八项注意"。我第一次看到的八路军，就是这样的军队。

给林彪看病

（抗日）战争一结束，毛泽东、周恩来就应蒋介石之邀到重庆，就建国大计举行会谈，还签订了《双十协定》。然而，蒋介石明修栈道，暗度陈仓，他表面上与中共会谈，背地里却在不断地跟美国要武器，准备内战。在重庆谈判中，虽然毛泽东、中共方面做了让步，甚至同意削减军队，但蒋介石根本就没有诚意。因此，到翌年即 1946 年夏天，就爆发了第三次国共内战，甚至连延安也被国民党军队占领了。而在东北战区，林彪将军指挥打了几仗以后，从 1947 年（中共的军队这时改称"东北人民解放军"）开始反攻，渐渐奏效，把国民党的军队赶到南方去了。那就是三大战役。

日本战败后，由于技术人员短缺，共产党就指名道姓地强制留用了一部分日本技师、医生、专家。我也于 1946 年参军，被分配在民主联军总司令部副官处卫生科，给留在司令部当军医的表兄山尾当助手。参军没几天，也就是 9 月下半月，我跟着表哥到司令部出诊。进了一个门口有卫兵把守的房间后，看见一个人悠然地坐在沙发上，脸色苍白，40 岁上下，威风凛凛的，有一股灵气。表哥诊断完后，叫我打针，注射维生素。

我此前只在实验台上给表哥试着打过一针，当时有些胆怯。表哥说，没关系，是皮下注射，不打静脉，简单呀。幸亏对方不懂日语，我就说，那我就试试吧，练习一下。就这样，战战兢兢地把针打了。回来的路上，表哥告诉我，说那个人是林彪，把我吓了一大跳。

看上去，林彪将军头发蓬松，眉清目秀的，但能感到他身上有病。我表哥常去给他看病，还给他开药方。表哥是总司令部的军医，关于总司令的健康状况，他是一清二楚的。林彪是吗啡中毒。他在对日战争中负了伤，为治疗去过苏联。据说在那里，老给他打吗啡镇痛，结果上了瘾。这已经是公开的秘密了，表哥也这么说过。缘此，随着年龄增长，林彪非常怕风、怕声，对光线也很过敏。

因缺医少药，战士在没有麻醉的情况下动手术

苏军进入东北后，当时中国的形势是，满铁沿线、长春往南，从长春、奉天（沈阳）到大连，国军与共军激烈争夺。虽然长春一度被共军拿下了，但旧满铁沿线的大城市，几乎都被国军所控制，只有哈尔滨市是真空状态。于是，苏联大兵就开进去了。

四平攻防战在东北战役中，是一个留名战史的大激战。国共两军展开拉锯战，小小的四平街几易其主，仗打得很凶。我被派到离四平街几十公里远的一个野战医院，救护伤病员。那里的情况很惨。有些重伤员只剩一只胳膊和一条腿了。而且，那一带有一种可怕的病原菌，感染了就要得破伤风。……关东军丢下的药品眼看就要用完了，解放区的制药厂虽然也能生产一些药，但数量少，质量又差。所以，有时只好不麻醉就动手术，否则易被破伤风菌感染。而且，还有一种叫瓦斯坏疽的可怕的病，一旦感染，瞬间就会扩大，引起全身组织溃烂。为此，有时不得不迅速采取措施，在未麻醉的情况下，把受伤的胳膊或腿从根儿上锯掉。由于手术粗暴得很，有的伤员甚至疼得晕过去了。但这是没有办法的办法，只有这样做，才能保住他们的性命。伤员经临时处置后，都送往后方去了。

当时，民主联军使用的注射器等医疗器具、针剂、内服药等药品，全都是从关东军那里缴获的战利品，有两年的用量，在解放战争中可起了大作用。关东军丢下的医疗器械、药品，还有日本医生、护士，他们作出了很大的贡献。我还要披露四平战役中的一个故事。在野战医院里，我们这些军医，因属于下级军官，伙食跟部队一样，都是窝窝头加咸菜。伤病员吃的较好。尽管如此，他们还是吃不饱。有一天，两个轻伤员进食品库偷东西吃被抓住，关了禁闭。于是，来了一位耀武扬威的

将军。他知道这件事后，马上把这两个人拉出来，当着我们的面，二话不说，拔出手枪，叭叭两枪就枪毙了。这个人就是康生。戴着眼镜，留撮小胡子。

关于朝鲜战争的回忆

当时，我在战伤外科，到鸭绿江北，当过野战医院的实习生。从朝鲜战场运回的伤员，在那里紧急处置一下，就送到后方。我们从早到晚离不开手术室，一连几天工夫，做了几百例手术。

这场"抗美援朝"战争很惨哪！只要看看那些缺腿少胳膊的伤员，就可想象战斗有多么激烈。有一天，七八个伤员被相继抬进来。我们给他们治疗时，他们向我们哭诉道："我们是卡车司机，运输队的。卡车是从苏联老大哥那里运过来的苏制的车辆。遇到美军空袭，几发炸弹落在远处，一阵暴风吹来，就把驾驶舱吹瘪吹飞了，不少驾驶员就这么死了。"后来一查，原来卡车的驾驶舱是用硬纸板做的。涂上颜色后，看起来像铁板，但敲一敲就知道，是厚纸板和三合板做的。这种纸老虎的玩意儿，当然不堪一击了。

1950 年 6 月 25 日，朝鲜战争爆发，激战几个回合后，退退进进。两年后，双方在三八线附近对峙，呈胶着状态。1953 年，签订了停战协定，战争告一段落。我退伍回到哈尔滨，于 1953 年 9 月和家里人一起回国了。

（本文原题为《一个日本人对中国东北的回忆》）

我，在中国的土地上……

——一个日本军人的道路

———

小林清

今天，他是天津社会科学院的一位研究人员，也是一位已经加入中国国籍的日本人；可是昨天，他既是一位入侵中国的日本兵，也曾是一位和中国人民并肩战斗的"日本八路"。

年轻的读者，读到这，您一定会感到很奇怪吧？或许要提出疑问，但是，这确是作者一段真实的、鲜为人知的经历，在这段经历中，又有着起伏跌宕的故事……

强征入伍

1918 年 4 月，我出生在日本国大阪府松原市三宅町的一个普通市民家里。父亲小林熊太郎，开设一家简陋的小饭馆，叫"一二三料理屋"。母亲除协助父亲做生意外，还得照料家务和孩子们。我兄弟姐妹八人，人口多，收入少，父母不得不忍痛把四弟送人。家里活多，我每天放学回家就得帮母亲干些家务活。

昭和十二年（1937年），日本军队在中国的卢沟桥发动了"七七事变"，开始了全面侵略中国的战争。日本侵略军的侵略挑衅，激怒了中国人民，在中国，全面的抗日战争爆发了。在这种形势下，日本政府在国内加紧征兵，开赴中国战场。1938年初，我被强征入伍了。那时我是大阪实业学校酿造专业二年生。父亲原指望我毕业后帮他兴旺饭馆，但希望破灭了。我成了日本帝国陆军大阪十二师团的一个下等兵。

日本军队对新兵的训练是以其所谓极严格规范化著称于世的，现在想来，实际上是"法西斯""武士道精神"指导下的残酷的训练。

早晨起床号一响，必须在5分钟内着装完毕，荷枪实弹，背好背包到操场上集合，然后全副武装急行军十余里。行军途中任何人不许掉队，尽管每个士兵都跑得上气不接下气，教官还是不断地大声叱责："快跑！不许掉队！"即使是身体不适，真有跟不上部队的，也得咬着牙，连滚带爬地奋力挣扎着跟在队伍后面。回到营房要马上搞清洁卫生，除做好自己的外，还得替教官、老兵们整理床铺。15分钟吃早饭的时间里，新兵必须分别先给士官、老兵盛饭，等侍候他们吃完，才能自己狼吞虎咽般地抢着吃一些。时间一到，吃不饱的也必须放下碗走出食堂。

上、下午都是军事训练时间：射击、搏斗、拼刺……有一次在实弹射击中，我和另外一名新兵射击成绩比较差，有几发子弹没有中靶，受到非常严厉的青木教官的处罚：他要我们对枪"赔罪"。我们把枪放在枪架上，一边立正对着步枪行军礼，一边说："三八式步枪，我对不起你，因为我没有努力射击，所以未能枪枪命中，玷污了皇军的荣誉，请原谅我，下一次一定努力命中。""赔罪"后，教官又恶狠狠地骂我们："你们将来在战场上不能打死敌人，敌人就会打死你们，为了使你们永远记住这次教训，每人再对打 20 记耳光。"按照日本军队中的处罚办法，我和那名士兵笔直地面对面地站立着，互相用力抽对方 20 记耳光。在教官的监视下，我们都不敢不用力，结果两人的脸都被打得红肿起来，火辣辣地疼，眼泪在眼眶里转，不敢让它掉下来，怕教官看见再挨打，泪水只能往肚子里咽。青木教官还严厉地问："你们记住了没有?""记住了，实在对不起，谢谢你的教育。"我和那名士兵口是心非地回答。

晚饭后，教官向新兵进行法西斯教育：灌输军国主义的黩武思想，大和魂对外民族的仇恨，武士道忠君爱国的精神；要我们效忠于天皇，效忠于大日本帝国；要我们在战场上拼命作战，如果负伤或被俘，就要剖腹自杀，保持"大和男儿"的气节，为国捐躯。

临睡前，还要立正大声背诵步兵操点、典范令和军人敕谕等。

按照日本军队的惯例，老兵对新兵有管教权，老兵是军官的得力助手。新兵入伍都要交给老兵管教，听老兵的命令，给军官、老兵执行勤务，为他们擦枪、擦皮靴、洗衣服、整理床铺等。

我原来是个学生，对于这样严格的、机械的、屈辱的军队生活很不适应，受不了军队的劳苦和处罚，不到半年就病倒过两次。但是他们却不准休息，强迫我带病参加训练。

经过半年多的军事训练，逐渐地适应了兵营生活，我成为一个合格的军人了，被分配到秋山旅团。

1938 年 11 月，我在大阪港口与父母、兄弟姐妹洒泪告别，登上 6000 吨的"赤城"号军舰，开赴中国参加侵略战争。在这生离死别、难舍难分的时刻，全家人是多么悲哀呀！母亲流着眼泪，叮嘱我说："要多保重啊！……"她再也说不下去了，只是紧紧搂住我失声痛哭起来。父亲也眼泪汪汪地嘱咐我。我含着热泪，说不出话来，只是默默地点头听着。哥哥和姐妹们也都一个个泪流满面，低声地啜泣着，深深地陷入骨肉分离的痛苦中。这真是名副其实的生离死别，亲人们的送别成了永诀，从此，我再也没有见到过亲爱的家人，再也没见到过自己的家乡。

战场被俘

秋山旅团在中国青岛登陆后不久，我被调到机枪射手训练班学习。学习结束后，我被升为上等兵机枪射手，分到驻烟台的日军独立步兵第十九大队。1939 年夏季，又调到文登城驻防。

中国的正规军队——国民党军队每次和日军作战，总是被日军击溃，大部分南逃，一部分向日军投降，改编成"皇协军"。经常骚扰和袭击日军，使日军惶恐不安的是"共产匪军"。他们不是正规军队，是一些穷"八路"，武器装备远比国民党军差得多，但他们出没无常，熟悉地形，经常打死、打伤日军零散外出人员。1938 年，在牟平县雷神庙战斗中，这些八路军就使日本的海军陆战队遭到重大打击，所以上司发来的指示经常告诫我们要严防八路军的袭击，不要轻视他们的战斗力。

1939 年秋末，日军下乡扫荡，在昆仑山下的一个小村庄外，被八路军山东纵队第五支队所属东海部队包围，战斗很激烈。我是机枪射手，在战斗中子弹全部打光了。我抱着机枪往山沟里逃跑，被紧紧追赶的八路军战士们用石头打中头部，晕过去了。醒来时，我已躺在八路军的担架上——我被俘了。

担架在八路军的队伍中间穿行，前后都是八路军战士。他们见我醒过来，一位 30 多岁的八路军干部用日语温和地向我打招呼。我瞪了他一眼，没有说话，又闭上了眼睛，默默地躺着。这时，我心里乱糟糟的，只是想：一个日本军人被俘虏了，是最耻辱的事情，再说，我们平常出来"扫荡"的时候，奉上司指令对非"治安区"的老百姓非常凶狠，一律实行"杀光、烧光、抢光"的政策。中国人对日本军队简直是恨之入骨。这回我成了他们的俘虏，肯定必死无疑了。于是暗暗下定决心：作为一名日本皇军的士兵，宁可被八路军杀死，为天皇尽忠，也不能投降八路军。所以我故意表示出一副傲气十足的样子，紧紧地闭着眼睛，一个劲地大声喊道："你们杀死我吧!"八路军干部见我态度十分固执，就不再理我。

天渐渐地黑了。深秋的昆嵛山区，夜风吹来，发出嗖嗖的响声，天气骤然间比白天冷了好多。但我连看都不看八路军给我送来御寒的棉大衣，送来的热饭菜我也不吃，凭着"武士道"精神，硬挺着。但是我身上的日本黄呢子军服早已挡不住风寒了，冻得我瑟瑟发抖，肚子又饿得咕咕叫，加上头上被石头砸的伤口隐隐作痛，眼前一阵阵冒金花。一阵头晕目眩后，我又昏睡过去了。

到了八路军五支队司令部驻地，我被安排在一间很洁静的屋子里。有几位八路军长官模样的人进来看我。那天在担架旁和我说话的八路军干部用日语介绍说："我姓乔。这是我们八路军五支队的王文政委和政治部仲曦东主任。"那个身材魁梧，被称为政治部主任的"八路"，通过老乔对我说："欢迎你来到八路军中，你被解放了，我们八路军优待俘虏，不会杀死你的，你好好吃饭，安心休息!"接着他又嘱咐八路军的卫生员要给我好好治疗头上的伤口。

下午，又有几个穿八路军军装的人走进来，他们都用日语和我打招呼。其中有一个是日本人。他自我介绍说："我叫布谷，是北海道人，和你一样也是独立第十九大队的士兵，在一个多月以前被俘的。八路军待我很好，比咱们日本军队的人和气多了。"布谷指着一位戴着眼镜、高高身材的人说："他叫张昆（张志远），是敌工科长。他是日本东京帝国大学的留学生。"张昆用说得十分流利的日本东京语和我打招呼。张昆问我在日本军中是什么军衔，是不是机枪射手。我不肯讲实话，随口回答是普通士兵。张昆笑着问："那你为什么抱着机关枪逃跑呢？"我冷冷地回答："因为机关枪是我们军队中的宝贵武器，不能留给八路军。"后来才知道其他几位是八路军政治部政工科的辛冠吾、孟凡、刘芳栋等人。

他们给我讲了好多道理，虽然当时我听不进去，但觉得不像是要杀我的样子，对待我也很和气，完全不是日军中虐待俘虏的那一套。于是我开始吃饭了，他们给我特意做了日本人爱吃的大米饭，还有两个菜，我顾不得什么大和民族的"气节"、什么"武士道"精神了，放开肚皮一扫光。晚上天凉了，我也不吭一声地把八路军的棉大衣穿上了，但是心里却仍在暗暗盘算，不管怎样，反正我不投降，只要有机会就逃跑。

这期间，八路军同志经常来帮助、教育我，可我却一点儿也听不进去。心想，就凭八路军这几支破枪，怎能打败我们装备精良的大日本皇军呢？

八路军五支队政治部给我和布谷派来一名叫李丕升的勤务员，照顾我们的日常生活，又派老乔与我们住一起，当我们的翻译。可是我却说服了布谷，准备找机会逃跑。我俩总是趁到河边洗衣服的机会偷偷商量如何逃跑。但是勤务员小李同志总是和我们在一起，是我们逃跑的最大障碍。于是我们便商量找机会害死小李同志逃跑，但又怕留下罪证被捉回来时掉脑袋，只好作罢。

不久，有一次八路军夜间转移的时候，趁别人没注意，我就悄悄离开队伍，撒开腿逃跑了。夜色漆黑，我也分不清东南西北，只是漫无目的地瞎跑。一直跑到天亮，稀里糊涂地也不知到了什么地方。我跑了一夜，肚子饿得发慌，就溜进一个村边老百姓的院里想偷点吃的东西，结果被村民发现。他们见我穿的是八路军军装，便和气地问我："同志，你是哪个部队的？"这一问便露了馅，我不会说中国话呀！我一看事情不好，转身又想逃跑，被民兵追上抓住。一个民兵撩开我外面穿的八路军军装，露出里面日本黄呢子军装，认定我是日本兵，就把我又送回到五支队政治部。

仲曦东主任看见我被押送回来，哈哈地笑着说："你不要跑啦！到处都是我们的人，你是跑不回去的，就算你能跑回去，你的上司也不会轻饶了你，不会有好下场的。"

一句话勾起我对日本军队的恐惧。凡是被八路军俘虏过的日本士兵，即便是逃回日本军队，也要受到军事法庭的审判，说你作战不力，被俘后又没有勇气自杀，辱没了皇军的荣誉，轻的被判处刑罚，严重的还要被枪毙，给国内的亲人、家庭带来灾难和不幸。想起在日本军队中可怕的战地生活，真是让人不寒而栗：军官对士兵、老兵对新兵的虐待和打骂，无意中犯一点小错误都要受到严厉的处罚和令人恼怒的侮辱；频繁地作战，加上八路军不停地骚扰和袭击，可以说，每天都是在提心吊胆中度过的；每当在战斗前得知即将出发的消息，士兵们多是三个一群、五个一伙，到随军妓院中去嫖妓女、到酒馆疯狂地酗酒，以缓和对战争的恐怖情绪。士兵们一个个愁眉不展，无精打采，就像面临着一场特大灾难，情绪极为低沉，人们相互劝勉，自我解嘲："这次出去作战，生死未知，趁此良机，请君尽情作乐吧！"由于战争无限期地延长，广大士兵对战争早已失去了胜利的信心，谁也不再相信军部竭力鼓吹"三个月结束战争"的鬼话了。因此，在作战行军时，士兵们一个个都显得无限伤心和惆怅迷惘的样子，既不说话，也没有笑颜，只有无可奈何地埋头前进。在日本军队中，士兵怠战、装病之事日渐增多，再加上从国内来的新兵带来了国内生活十分困难的消息，使士兵更加思念家乡，厌战的情绪在下级士兵中迅速蔓延开来。

被俘以前，我急切地盼望着战争早日结束，好回国与家人团聚，现在做了八路军的俘虏，心情就更加矛盾、苦闷了：逃回日本军队去吧，下场难以预料，就是军事法庭不判我死刑，我也还得在军队中服役，依然过着朝不保夕、三分像人七分像鬼一样的生活。

不久，我原来所在的日本军队文登小队的濑古军曹长被八路军五支队在一次战斗中俘虏了。他被送到政治部来以后，我非常不好意思和他见面，因为他是我的上级，我不愿让他看见我还很健康地活在八路军中。但是与他见面后，才知道日本军队传说我已经死在战场上，他们随便寻了一具死尸烧掉，把骨灰给我国内的家属寄回去了。我听到这个消息后，一股无名怒火骤然而起，觉得日本军队对待我们这些出生入死的士兵根本不关心，明明没有我的尸体，怎么能随便找一无名尸体冒充我呢？真是太不近人情了。所以我逃跑回去的想法，渐渐地淡薄了。

但是，甘当八路军的俘虏，留在这异国他乡，过着孤独、生疏的生活吗？那就永远回不到我的祖国、我的家乡，再也见不到我的父母、兄弟姐妹了。想到这些，辛酸的眼泪涌上来，我被这巨大的痛苦深深地折磨着。

就在我思想斗争最激烈的时候，八路军向我伸出了温暖的手。他们在生活上处处照顾我们几个人，想方设法给我们做日本人喜爱吃的米饭和各种食物，把我们的伙食标准提高到与五支队首长一样。他们还在思想上诚恳地开导我，给我讲解日本侵华战争为何而发生，这场战争给中、日两国人民带来的巨大灾难，还讲解国际主义的道理，要我摒弃狭隘的民族主义思想。他们告诉我，在延安有参加"在华日人反战同盟总部"的日本同志，他们为反对侵略战争在积极地进行工作。我不相信会有日本人反对天皇和"圣战"的，张昆便把"反战同盟"编写的《告日本同胞书》及其他书报送给我看，还让我读无产阶级作家小林多喜二的《蟹工船》《泥沼村》等作品。

通过一段时间的学习和亲身所感、亲眼所见，无数生动的事实感化、教育了我，使我对中国共产党和八路军，逐渐有了些新的认识，对日本侵华战争的性质、日本军队的法西斯统治以及自己的过去进行了反省。我感到老百姓并不害怕这支"土匪"军队，反而像对待自己的子弟一样喜欢他们，每当八路军开到一个新的地方后，那里的老百姓都抢着把好房子腾出来，让八路军和我们住，还争先恐后地把他们最好的食物拿出来给八路军吃；同样，八路军战士也像在自己家中一样，帮老百姓上山砍柴、耕地、担水、修房等，不管什么脏活、累活都抢着干。对待俘虏，八路军说，经过一段学习教育，思想有一定认识后，坚持要回日本军队的可以回去。开始我对他们的话和行动还半信半疑，但后来凡是坚持要回日军的俘虏，就都释放了，俘虏们说回去以后就要求退役，不再为侵华战争卖命了。这件事使我受到很大震动。我认识到，八路军确实是一支不同于日本军队，又不同于国民党军的队伍，在对待俘虏问题上，他们表现出宽宏大量、国际的人道主义。而日本军队自称是"遵奉道义的皇军"，是来"解救东亚民众"的，然而日军在中国干的却是杀人、放火、抢劫、强奸妇女，可以说是无恶不作，对待俘虏都是残酷虐待，甚至致死，和八路军相比，哪有半点人道主义可言。我渐渐明白了：中国人民和日本人民都不愿意战争，这场战争的性质是日本军阀发动的侵略战争，中国人民反对侵略战争是正义的行动。从中我初步学会了分析问题、明辨是非的能力。

五支队的王彬司令员、王文政委、仲曦东主任、孙端夫团长等首长，都来看望过我这个俘虏。他们穿着和士兵一样的军装，与士兵一起工作和生活。他们过的是最低限度的生活，使用的是最原始的武器，面对着世界上最顽固的敌人，进行着最艰苦的反侵略战争。他们的坚强意志、坦荡胸怀、和蔼态度、真挚情感，深深地打动、温暖了我的心，我也深深地为自己参加了日本这场可耻的侵略战争而懊悔。内心道义上的自我谴责和良知的发现，使我再也不能沉默了，我终于把自己是上等兵、机枪射手的真实身份，以及日本军队中的情况，都向五支队首长们交代了。

奔赴延安

1940 年农历正月，八路军山东纵队五旅在一次战斗中，又俘虏了两名日本兵，一名叫渡边三郎，是军曹长，另一名叫横田一郎（后改名成山一郎）。我和布谷跟着八路军同志去看望他们，给他们讲八路军优待俘虏政策。渡边三郎军衔高，资格老，受"武士道"精神毒害较深，他瞪着眼无理地骂我和布谷。横田一郎为人老实，对八路军优待他非常感激。他是渡边的下属，因此对渡边最畏惧，毕恭毕敬，任其摆布。后来在战斗中又俘虏了两名日本士兵，一名叫石田雄，是重机枪手，高小文化，为人直爽热情，也很活跃，被俘后一点也不拘束，就像到了自己家一样，天天跟着八路军同志学中国话；另一名叫吉尾次郎，高中毕业，是我的同乡。他戴着眼镜，不爱说话，但对八路军的教育接受得比较快。

一天，张昆科长传达上级指示，要送我们去延安"在华日人工农学校"学习，征求我们的意见。我们大部分同意，只有渡边一人说什么也不去，给他做了好多思想工作，他才同意到山东纵队政治部学习。后来我才知道，他所以不去延安，是因为他在胶东时间长，这一带的日军都比较熟，他不愿让日军知道他被俘后还活着。

临行前夕，布谷突然病了，而且病情很重，全身肿得又粗又大，只好留在后方医院治疗。

1940 年 9 月，我和渡边、成山、石田、吉尾等几人由刘芳栋带队，在一个排的护送下，通过胶济路封锁线，来到鲁中山东纵队司令部。敌工部的首长接待我们时说："欢迎你们！好好休息几天，准备去延安。"并给我们介绍了从新四军、鲁中、鲁南来的几个被俘日本士兵。

我们十几个日本士兵在司令部警卫部队一个排的护送下，由敌工部一位会日语的侯干事陪同，向延安进发了。渡边留在山东纵队政治部学习。

我们经过河南、山西、陕西，通过抗日根据地，偷越日军占领区，穿过津浦、平汉两条封锁线，渡过黄河，行程几千里，历时五个月，经过千辛万苦，于 1941 年 3 月底，到达了革命圣地延安。

五个月的风餐露宿、跋山涉水的征途生活，使我们每个人都黑了，瘦了，两脚血泡，满脸灰尘，疲惫不堪。两头驮东西的毛驴都快要走不动了。但我们看到护送我们的战士比我们更艰苦，他们不仅要保证我们的生命安全，而且在生活上也处处关心、尽量照顾好我们，侯干事还常常给我们讲革命道理，使我们对中国共产党、八路军有了更进一步的深刻认识，受到了很大的教育。当护送我们的战士与我们分手时，我们真是有些恋恋不舍。

我们受到了"在华日人工农学校"先期在校全体师生的热烈欢迎。

我们学习的课程有：联共（布）党史、社会发展史、马克思列宁主义、日本问题、中国语言、政治经济学、政治常识、中国问题、时事和文化课等。我们在这里还练习说中国话。

我们还学习了一位普通日本士兵——伊田助男的英雄事迹。伊田助男原是驻"满洲"关东军的一名士兵，他厌恶日本军队对中国东北人民惨绝人寰的暴行。1933 年，他把押送的 10 万发子弹和其他军火，送给了东北抗日联军。他把这些军火放在树林里，留下了一张纸条，上面写道：

亲爱的中国抗日游击队同志们：

我看到你们撒在山沟里的宣传品，知道你们是共产党的游击队，你们是爱国主义者，也是无产阶级国际主义者。我很想和你们会面，同去打倒共同的敌人，但我被法西斯敌人包围着，走投无路，我决定自杀。我把运来的 10 万发子弹和军火送给你们，隐蔽在北面的松林里。请你们瞄准日本侵略军射击，我虽身死，但革命精神长存。祝神圣的共产主义事业早日成功！

日本共产党员伊田助男

1933 年 3 月 30 日

伊田助男高尚的共产主义情操、无产阶级觉悟和可歌可泣的英雄事迹，给我们留下了极为深刻的印象。大家都被他那国际主义精神所深深感动。他不愧是我们日本人民的优秀儿女，我们都下决心学习他，打倒日本法西斯，争取中国人民、日本人民及亚洲各国各族人民的解放。

我们还和中共中央各机关干部、八路军官兵一起参加生产劳动，开荒种地，种花生、西红柿等。我干农活比不上横田和桥本，因为他们从小生长在农村，可比吉尾那位戴眼镜的知识分子强多了，我毕竟在家里还干过一些零活。最难干的活是纺线，既要有技术，又要有耐心，对我们日本士兵来说，这活比作战还困难得多呢！经过一段时间的锻炼，我们大致上都学会了，当然，质量是比较差的。

业余时间，我们就开展体育活动，组织拔河、打球等比赛。最令人兴奋的是打棒球，在日本这是开展最普遍的体育活动，差不多人人都会。每到傍晚，我们便来到宝塔山下、延水河畔的练兵场上，划好场地，打起棒球来。许多八路军同志对我们打棒球很感兴趣，都来围着观看，有时中央首长也来看我们打棒球，这时我们打得就更起劲了。

我们在这里的待遇按连级供给，每月三元津贴。伙食，平常吃的是小米饭、白馍，上午一菜一汤，下午两菜一汤，顿顿有肉，一周吃一次大米饭，一次饺子。饺子是自己包，包饺子可就热闹了，大家七手八脚抢着乱干，结果包出来的饺子都不像样子。渐渐地，在中国同志的帮助下，我们终于学会包饺子了。

在中共中央和八路军首长的关怀下，在教师的培养教育下，我们的思想觉悟提高了。我和横田、吉尾、滨仲等人写了申请志愿书，由大山一夫做介绍人，1941 年 11 月被批准加入了"在华日人反战同盟"。

1942 年 5 月，我们第一期 100 多名学员毕业了。毕业前，每人都作了思想鉴定，表示决心按照反战同盟总部的指示，到前线去与八路军并肩战斗，对日军开展政治宣传。有个别人不愿去前线，便留校参加第二期学习。

行前举行宴会。当时延安的物质条件极端困难，但是八路军同志尽了最大努力，把宴会置办得相当丰富。大家欢聚一堂，喝着延安酿的酒，互相干杯，互相鼓励，预祝胜利。

重返胶东

反战同盟总部根据我的要求，分配我回山东开展工作。我告别了校长冈野进和同学们，告别了八路军敌工部的同志们，告别了延安，带着七名反战同盟的战友向山东进发。

在八路军总部一个连队的护送下，我们经过陕西、山西、河南，渡过黄河，越过平汉路封锁线，一路上走小道，转山岗，没有发生意外，两个多月就进入了山东。在微山湖西侧鲁西根据地休息几天，了解了津浦路封锁线敌人的情况后，在一个夜晚偷越津浦路，急行军 70 多里，安抵平邑县解放区，最后到达山东军区司令部驻地五莲县马耳山根据地。

山东军区政治部主任肖华和山东反战同盟负责人桥本、大西正等同志欢迎我们学习归来，鼓励我们反战同盟的全体同志，为反对法西斯战争，为中、日两国人民的解放事业多做贡献。我代表从延安回来的七名盟员表示了决心。

山东军区敌工部决定由我带领吉尾、横田、桥本（石田）等四名盟员回胶东开展工作，正好这时政治部有胶东五支队一个排正准备由军区返回胶东，我们就与他们一起出发了。

敌人在胶济路两侧每隔几里就筑有一个碉堡，我们必须在半夜后敌人岗哨稍微松懈时，从两个碉堡之间通过。在一个夜雾弥漫又没有月亮的黑夜，我们正要偷越封锁线，负责侦察的交通员突然跑来，叫我们赶快蹲下隐蔽。

这时，从远处传来"轰隆、轰隆"的声音，越来越近，越来越大，一道刺眼的灯光利剑似的刺破了夜雾，敌人的装甲巡道车来了。我们屏住呼吸，紧紧盯视，等巡道车过去了，大家才松了一口气，一个紧接一个地迅速前进。

护送我们的张排长，最怕这个时候驮东西的毛驴嘶叫，他把料袋挂在驴嘴上，五头毛驴的蹄子都用草包裹着。先头部队刚过铁桥，附近村里传出了狗叫声。狗吠引起了毛驴的共鸣，我们赶紧把毛驴的嘴塞住，碉堡里的敌人听到驴、狗叫声，惊慌地喊话了："什么人？干什么的？"接着就是一排子弹打过来。

我们的队伍还有1/3没有通过铁路，天又黑，路又难走，怎么小心也很难不出响声，特别是嘴被塞住的毛驴，发出更加愤怒的吭哧声。这时，左、右两侧碉堡里的敌人，一齐用机枪向我们射击。在敌人疯狂、盲目的扫射下，张排长紧拉我的手，战士们保护着我们的盟员，匍匐前进。敌人的机枪稍一停，我们就立即跑步前进，终于越过了胶济铁路。经检查，除有三名八路军战士负了轻伤，盟员吉尾次郎因近视眼跌伤，余者全都安然无恙。

到达根据地夏庄以后，我们对这次行军作了总结，四名盟员表示深深感谢八路军对我们的关心和保护。这次行军，使我们更加了解了八路军战士的高尚品质和革命牺牲精神，四个人下定一个决心，加倍努力做好反战工作。

1942年秋，我们四名日本人回到了离别近两年的胶东。喜见胶东大地，一片丰收景象。在五支队司令部驻地，王彬司令员、王文政委、仲曦东主任以及张昆科长热烈地欢迎我们学习归来。有两年没有看见这些老首长了，这次见面真像回到家里见到亲人一样兴奋。

我们和首长们亲切地交谈起来。我向首长汇报了在延安学习和往返途中的情况，首长们表扬我们思想觉悟有很大提高，中国话说得很流利。于得水团长跟我开玩笑地说："你的中国话的，大大的流利！"引得在座的人一齐哈哈大笑。首长们向我们介绍了当时的胶东军事形势：抗日武装成倍增长，人民的抗日热情空前高涨。对于这一大好形势，我们感到非常欣欣鼓舞。

我把延安反战同盟总部的介绍信和指示交给仲主任，我们这次重返胶东的主要任务就是要在胶东区党委和八路军的支持下，尽快成立反战同盟胶东支部，开展对日军的宣传攻势。张昆把先后俘虏的江川、松下、斋藤三人介绍给我，要我做好他们的教育工作，争取他们加入反战同盟。对这三个人的教育工作，我们做了具体分工。

江川是日军曹长，行伍多年，受"武士道"精神毒害很深，在日军中耀武扬威欺压士兵。我分配桥本去教育他。桥本性格直爽，急躁胆大，被江川一骂就火了，把江川关在一间屋里单独住，以示惩罚。我去看江川，江川板起凶恶的面孔一言不发。我同他谈话，他张口就骂："国贼不为天皇尽忠，还有脸见人。"我和桥本见他蛮横，讲道理听不进去，就从关心他的生活着手，照顾他的吃穿，和他攀谈家乡的事情。日子长了，他的脸慢慢地放开了。他告诉我，他家里有父亲、母亲、年轻的妻子和一个儿子，很想念亲人。我们因势利导，给他讲一些八路军的政策，讲中国人民不愿意打仗，日本人民也不愿意打仗，战争给中、日两国人民带来了巨大灾难；日本侵略军对中国人民烧杀抢掠，奸淫妇女，惨不忍睹，怎么能再继续干下去呢？江川问道："干了的，八路军会杀头的吧！？"我说："干了的，是对中国人民犯下了罪，但是八路军只反对日本侵略军，反对日本军国主义政府，不反对普通的日本人民。你应该站到我们反战同盟的立场上来，反对侵略战争，立功赎罪，八路军和中国人民是会原谅你的。"接着我把反战同盟印制的一些宣传品拿给他看，桥本把我们在延安的学习情况讲给他听。

我分配吉尾、横田去做斋藤和松下的工作。他俩都是日本穷苦农民的儿子，被征入伍来中国打仗，对战争有厌倦思想，较容易接受教育。我们和他俩一起住，一起吃，谈家常，玩扑克，和他们一起学习反战同盟总部的宣传品和《告日本同胞书》，帮助他们摆脱为天皇效忠的有害影响。他们接受了我们的一些教育，但思念家乡和亲人的情绪越来越浓，我们就一边同情和安慰他们，一边启发他们认识这是侵略战争带来的灾害，只有从事正义的反侵略战争，才能解除中、日两国人民和自身的痛苦。

几天后，斋藤和松下来找我，说读过学习材料后，弄清楚了战争的真相，愿意站在中日人民方面，反对侵略战争，要求参加反战同盟。吉尾次郎帮他们填写了申请志愿书，我和布谷做他们的入盟介绍人。

1942年9月，"在华日人反战同盟胶东支部"在牟平县莒格庄举行成立大会。胶东区党委、胶东行政公署、八路军胶东五旅、五支队都派代表参加。山东军区政治部和敌工部发来了贺信。

仲曦东主任和王文政委分别在大会上讲了话。他们在讲话中，对日本共产主义者领导的"在华日人反战同盟"给予中国共产党、八路军的正义支持，表示谢忱，并要求中、日两国人民"步伐更加一致，关系更加密切，为争取反侵略战争的最后胜利而共同奋斗"！

接着是支部选举，我被选为支部书记。布谷为组织委员，石田为宣传委员。

会后，于得水、孙端夫、马少波、辛冠吾、孟凡等同志，和我们握手祝贺，说："我们今天特地赶来祝贺你们反战同盟胶东支部的成立，向你们每个盟员对中国人民的正义援助，表示致敬。"我说："我们应该感谢八路军同志对我们进行的伟大的国际主义教育，使我们明白了日本人民应该走的道路。"这些领导同志在我被俘后，都非常关心我，经常教育我，使我得到了进步。我们在战斗的年月里，结成了亲密的战友。

文登喊话

反战同盟胶东支部成立后，我们一面组织盟员学习社会发展史、日本问题和中国语言等，一面积极筹备，趁敌人冬季大"扫荡"前，向日军开展一次强大的政治宣传攻势，借以扩大反战同盟的影响。政治部的女同志帮助我们做了许多慰问袋，里面装上糖果和放进我们编印的日文宣传品。10月，敌工科刘芳栋同志和渡边三郎从山东军区回到胶东，渡边在军区政治部学习进步很大，他对驻胶东日军秋山旅团的内情较为熟悉，尤其对中下级军官了解甚多，组织上特意把他派回胶东，开展反战同盟工作。刘芳栋同志和渡边带领一半盟员去西海地区，孟凡同志和我带领一半盟员到东海地区。

我们奔到文登县泊石庄，与文登城里的地下工作者韩世华同志取上了联系。老韩同志在日军当饲养员，他向我们介绍：城里驻一个小队的日军，一个大队的伪军，日军小队长伊藤，是去年从日本陆军士官学校毕业后来到中国的，还没有参加什么大的战斗。此人年轻少壮，没有立过战功，也没有得到提升，对驻守文登县城不满意，常发牢骚，对士兵管理不严。我们根据这一情况，让老韩同志把宣传品秘密带进城里散发；在城外的敌人的练兵场上，我们也放置了一些宣传品和慰问袋。第二天，韩世华来报告说："日军士兵把慰问袋里的糖果吃了，把宣传品和八路军通行证暗暗藏好，到厕所里或马棚里悄悄偷看。"看来我们的工作有了进展，大家都很高兴。我和孟凡同志研究，决定趁热打铁，当晚去向日军进行宣传喊话。

已是深秋季节，夜晚寒风袭人，我们和负责保护我们的八路军一个排，不顾寒冷，直向文登城奔去。我在被俘前曾驻防在文登县城，对这一带地形地物很熟悉。在日军碉堡附近隐蔽好后，我趴在掩体的土丘后面，拿起铁皮喇叭，用日语向碉堡里喊道："碉堡里有人吗？"

"有人，你是哪一部分的？"日军士兵回话了。就这样，双方开始了对话。

"我叫小林清，是反战同盟的。"

"什么？反战同——盟！那你们是敌人了，你们被八路军收买了！"

"不对，我们反战同盟是真正站在日本人民的立场上，反对侵略战争的，不是你们的敌人。我过去也在秋山旅团当兵，驻守文登县城，我是你们的老前辈了。"

"那你来干什么，我们也没请你来。念你是过去的战友，赶快回去吧，饶你不死。"

"今天天气好，我特意来和你们谈谈天，挽救你们，免得死在中国的土地上，让你们亲人悲伤。"

突然碉堡里一阵骚动。小队长伊藤听见我们谈话，质问他的士兵："你们同谁说话？"一个士兵慌忙推卸责任，解释说："报告小队长，是反战同盟的小林清，不是我们同他说话，是他找来的。"小队长命令："架起机枪，准备射击。"于是，我又向小队长展开了攻心战。

"喂，说话的是谁？你们要干什么？太不像话了！""你管我是谁！让你尝尝我的机枪子弹。"

"听你的口气像个军官，不过也不会比少尉再高了。"

"他妈的，算你说对了。你半夜三更跑来和我捣乱，请你们白天来，堂堂正正地和我们干一场，别搞那些幼稚的宣传。"

"是我宣传幼稚，还是你脑袋幼稚？你并不懂得日本人民真正的正义行动。"

"你这个卖国贼，从来没有为国家着想。你是什么时候离开祖国的？"

"昭和十三年离开的。"

"假使你真是日本人，就不应该投降八路军干反战同盟的事，赶快回来，我们原谅你，不送你去军事法庭。我说话算数，以日本军人的名誉保证。"

"你们给日本法西斯当炮灰，除给自己带来家破人亡外，还能得到什么好处？我们是为日本人民真正求解放的，有觉悟的日本人民不应该参加侵略战争。"

"你胡说，我们这次战争，是为了解救东亚民众，建立大东亚共荣圈。"

"你这是背诵军阀的那一套。侵略战争给中日两国人民带来了莫大痛苦，中日两国人民应该联合起来，反对侵略战争。"

"你是日本人吗？你为什么替别国人说话？"

"我是真正的日本人。"

"你是中国人。日本没有你这没志气的人。"

在我一旁的桥本，实在忍不住了，大声地斥责伊藤说："你没有道理，为什么骂人，一点礼貌也没有。"

伊藤要发疯了："你要是不滚蛋，我就开枪打死你。"我说："谁怕你，你要是敢下来，我们也招待你一顿。"伊藤狂喊："我是军人，我只按天皇颁布的圣谕去打仗，不和你谈政治。"

"不要紧，咱们都是老战友了，作战是作战，谈谈家常也没关系嘛！"

"我处的地位不同，今天和你说话已经负很大的责任，要是中队长知道了，我要受处分的。"

"我明白你的处境。"

"不管怎样，今天我明白不少事情，谢谢你们。"

"战友们，我们要走了，请你们多保重，给你们带来一些水果和慰问袋，放在这野地里，明天你们尝尝吧！"

"谢谢，现在欢送你们，请注意。"说着机关枪、步枪都响了，但子弹却飞得很高，掷弹筒发射的炮弹也在我们身后很远的地方爆炸。我们明白伊藤的意思，明天他就可以遮掩说"把来犯的敌人打跑了"。我们就把许多慰问袋、宣传品和水果放在城外的野地上，撤回去了。

天亮的时候，我们回到泊石庄。大家又累又困，洗洗脸，吃点东西，睡了一个上午。斋藤和松下头一次参加政治宣传，感到很兴奋，毫无倦意，谈笑不止。

不久，文登县的老韩同志送来情报，文登伊藤小队的日本士兵曾兴高采烈地对老乡们说："八路军里，朋友大大的有，给我们的东西，多多的，以后作战的，死了死了的没有！"

后来，我们又到荣成县城、石岛、牟平县姜格庄等据点开展政治宣传攻势，收到了很好的效果。有一次，文登城的日伪军出动到大水泊一带抢粮食、抓民伕，一名日军士兵拿着我们的宣传品和八路军通行证向我们投了诚，地方民兵把他送到东海军分区司令部，使我们的反战同盟又增加了新的力量。胶东的老百姓看见我们，都亲切地叫我们"日本八路"。

10 月底，我们回到五支队司令部，渡边等回到五旅司令部，汇报情况，总结经验，研究下一步的工作。渡边编写的宣传品很容易被日军士兵所接受，因为它针对性强，有些是指名道姓的，如："××××，你那年老的父母，已是风烛残年，他们盼望你回去，你怎能忍心离开他们死在异乡呢？""××××，你那年轻的妻子和幼小的儿女，日日夜夜想念你，盼着你早日回去和他们团聚啊！"

11 月，胶东日军的冬季"扫荡"开始了，我们反战同盟的同志和政治部、敌工科同志一起，积极参加了反"扫荡"斗争，由于我们对江川的认识不足，被他的表面假象所蒙蔽，特别在反"扫荡"中，我们忙于对敌开展政治宣传，忽视对江川的思想改造，竟被他趁机带着八路军和反战同盟的情况逃回日本军队。但不久，听说他被青岛的日本宪兵队长中村大尉"赐"死了。因为江川把反战同盟的情况全部报告了敌人，所以在日军以后每次"扫荡"时，都到处张榜，悬赏捉拿我和渡边三郎、布谷等反战同盟的骨干。江川事件使我们反战同盟的工作受到影响，同时也给我们以深刻的教训。

在长期的艰苦战斗中，英勇的八路军指战员，从敌人手里缴获了大量武器，装备了自己。军区司令部和政治部指示参谋处和敌工科，开办日本机枪使用射击训练班。训练班由敌工科科长张昆和参谋处张参谋主持，我任教官，吴克华副司令员授我中尉教官军衔。训练班还计划教一些简单的日语宣传喊话，以增强对日军开展政治宣传攻势的力量。

由于日军冬季拉网"扫荡"开始，机枪训练班只办了两期就提前结束了。我和张昆科长回到军区，参加了艰苦的反"扫荡"斗争。

在一次坚决抵住敌人的进攻，保护司令部和老乡们突围的战斗中，一颗炮弹在我身边爆炸，我负伤了。战友的牺牲和个人的负伤，更加激起了我的愤怒，我忘记了自己已经负伤，继续和同志们一起参加战斗。司令部和老乡们安全转移后，我才觉得伤口疼痛，卫生员替我包扎好伤口，将我送到了后方医院。

1943 年初，我从后方医院回到政治部时，张昆同志告诉我，根据我在反"扫荡"斗争中的表现，批准我加入日本共产主义者同盟（共产党），和我同时入党的还有渡边、石田、吉尾等。从此，我便成了一名无产阶级共产主义战士。

电话攻心

1943 年 9 月中旬的一个夜晚，我们武装宣传队向郭家店和旧店两个据点之间的地带进发了。道路两旁，玉米都已成熟了，叶子上凝结着夜露。穿过一片"青纱帐"，我们来到了汽车路旁。在离公路不远的一块洼地里蹲下来。石田和军区政治部的盛毅同志动作灵敏地把我们带来的手摇电话机的电线接到了公路边敌人的电话线上。我将电话筒放在耳边，聚精会神地听着。大约用了一个多小时，才算听懂了日军各据点间的联络暗号。我和孟凡同志商量以后，决定开始和敌军通话。

"喂！喂！是旧店据点吗？"我用日军的口气问。

"是旧店。你是哪里？"一个年轻士兵的声音。

"我是郭家店据点，你们那里有什么情况吗？"

"没有什么情况，你辛苦了。"

"噢！你也辛苦了。最近有什么新闻吗？"我用和气的语调对他说活。

"什么也没有。"

"哦，有没有收到慰问袋？"

"很长时间没收到慰问袋了，大概是叫长官给扣了吧！"

"可我这里收到了八路军的慰问袋！"

"啊！八路军送来的慰问袋？"

"是的！慰问袋里有许多吃的东西，还有用的东西，里面还有信呢。"

"真的？这倒挺有意思。"

这个士兵好像对这件事很感兴趣，他对我没有丝毫怀疑。我接着说："里面有这样的传单，是告日本士兵书，叫我们团结起来向长官争取好一点的待遇。好像是八路军里面的日本士兵写的。他还写着在八路军里生活得很好，每天非常愉快。"

"还写着什么呢？"

"还写着在日本军里，长官的横暴比八路军的袭击更可怕，我们日本兵的生活太不自由了。"

"喂！你是哪里？"这个士兵开始怀疑了。

"我是郭家店。"

"郭家店哪一个？"

"你听不出我的声音吗？我是小林。"

"什么？小林？郭家店好像没有叫小林的。你到底是哪一个？"他的声音高起来。

"我是反战同盟的小林啊！"我亮了自己的身份。

"什么？反—战—同盟？"听得出来，他的声音有些惊慌了。他做梦也没想到竟和反战同盟通起电话来。我赶快说：

"喂！你不要害怕，我和你一样原来都是驻文登县的日本兵。我现在在八路军方面，却是为了解除日本士兵的痛苦和寻求日本人民的解放而活动着的。反战同盟就是进行这种活动的团体，是为了解除我们日本士兵被强迫参加侵略中国的战争而遭受的与家人离散、到异国他乡去奔波卖命的痛苦，为了争取快些结束这场侵略中国的战争而组织起来的……"

"喂！等一等。"他打断了我的话，但电话并没有掐断。我和孟凡同志交换了一下眼色，看看周围没有什么动静，因此，我仍旧拿着听筒等着。这家伙大概是叫人去了。过了一会儿，听筒里传来对方"喂！喂"的声音。我仔细一听，电话机旁好像不止一个人，乱哄哄地好像有好几个人在喊。一个很粗很蛮横的声音说：

"喂！那家伙，你来电话干什么？"

"我很想念你们，想和你们拉拉家常，你们在据点里一定过着无聊的、单调的、提心吊胆的日子吧?!"

他却把话岔开了，用讽刺的口气说："喂！你在八路军里才可怜得很吧！你被八路军抓去，尽挨打挨揍吧，整天啼哭，还吃不饱吧？"

"哈哈！没有那样的事！尽是你们撒谎，大概那是因为你们受长官的处罚吧。我加入了日本士兵组织的反战同盟。一提起反战同盟，你们就以为是敌人，其实我们绝不是你们的敌人。"

"不是敌人是什么？"显然他有些生气了。

"我们和你们一样，都是不做工就没有饭吃的日本人民，是你们的弟兄。"

"去你妈的！真正勇敢的日本人决不干你那样的勾当。"那家伙开始骂人了，但我却耐着性子，语气温和地接着说：

"我们是真正为了日本人民的利益才这样干的。你好好地想一想，我们日本民族的每一个家庭，在这次战争中吃了多大的苦头，国内家里的父母妻子，都在整天流着眼泪盼望着自己的亲人早日回家团聚！你也不是自己愿意来打仗的吧！是人家硬把你拉到中国卖命的吧！"

"为了国家那是应该的。"

"什么为了国家，你看，这个国家是谁统治的？是东条英机！是那些大老财、大军阀！他们要吞并中国，奴役中国人民，和我们这些穷人有什么关系呢？现在内阁里的当权者，哪一个是你的亲戚和朋友？"

"当然没有。"

"你看，不是吗？所以，什么为了国家，其实，我们当兵的就是替那些军阀和大老财白白地在送命！"

"……"他愣说不出话来，显然是让我问住了。于是我趁机接着说：

"正是因为打仗，我们这些当兵的和我们家里的人，连饭也吃不上。你看那些军阀们，又是勋章，又是养老金，大老财更是大发洋财，所以，反战同盟就是要反对这样使少数富人发财，多数穷人遭殃的战争。"

"你是在宣传吧？"

"这不是宣传，是事实，你听懂了没有？"

"明白了，明白了。今天很晚了，回去吧！"

"好的，就回去。最后和你说一声，反战同盟的目的，就是要使这种不好的战争早一天结束。因此我们就必须和八路军合作。"

"八路军里面日本人多不多？"

"多得很，大家都很好，每天吃得很好，有娱乐活动，过得快活。"

"哦！是真的吗？你是在骗我吧？"

"是真的，我再也不想回日本军队去了。我很同情你们，在日本军队里面，既不自由，吃的又坏，还经常受处罚，挨长官的耳光。"

"你胡说，对于你那样的人，军队纪律也许太严吧！我们是不在乎的。"

"那是你错了，你不了解我，我们的工作是为了日本士兵和人民的幸福。"

突然，他问道："你现在在哪里？"

"在离你们据点不远的地方。不过你放心，我们不是来袭击你们的，也不是来割电线的，请你们放心吧！"

"哦！明白了，谢谢！"

"我们没有必要和你们打仗，都是远离了家乡，来到中国的，说实在的，我很想念你们呢！"

"是的，我也不把你们当做敌人。"

"那么，你是哪一个呢？"

"你问我吗？我是伍长，这一带没有不知道我的。"

"哦，是伍长，请教你的尊姓大名？"

"我的名字？……"他好像有些为难，"我的名字最近改了。"

"那么现在叫什么名字呢？"

"这个——对不起，忘掉了。"他笑起来。

我想时候不早了，应该结束了，问道："现在几点钟？"

"等一下，让我看一看——哎呀，两点半了，很晚了，今晚上就到这里为止吧！"

"我们就回去，你们需要什么东西，不用客气，尽管告诉我，给你们送来。"

"谢谢！目前不需要什么，还想和你多谈谈，可是，要是上司知道就麻烦了，"

"不错，我明白你的处境。"我很同情。

"希望你的身体健康！"他说得很诚恳。

我回答道："谢谢！希望大家都好。有空给我们来信。"

"写信可以，怎么，不到我们碉堡里来玩玩？"

"谢谢！要是我们去，对你们没有关系吗？"

"保险得很，不用怕！"

"那么，以后有时间我们再来。"

"好！来吧！再会，战友！"

"再会，请休息吧！"

我们就这样结束了这次电话宣传。盛毅等同志迅速从敌人电话线上取下了我们的电线。我们连夜返回西海军分区驻地。第二天，就找老乡设法给他们送去了慰问袋，里面装着《日本士兵要求书》等宣传品。

一个星期后，我和孟凡同志商量再去旧店向日军进行一次电话宣传，以便进一步与他们取得联系。

我们还在上次的地方接好电线，和他们通话："喂！旧店据点吗？"

"是的，你是哪里？"

"我是郭家店，找你们伍长听电话。"

一会儿，上次那个大粗嗓又出现了："喂！我是伍长，你是哪里？"

"啊！你好！我是反战同盟的小林清。"

他听说是反战同盟，一句话也没说，把电话挂上了。我们都觉得很奇怪。孟凡同志说："这可能有原因，不要再打了，马上转移！"于是我们就离开那个地方，到别的地方打电话去了。

过了几天，一个老乡来到西海军分区，给我们送来一封信。信上写道：

谢谢你们的慰问袋和宣传品，真是好极了。又特地打电话来，可是我们给了你们一个难堪，真是对不起。因为那时长官就在旁边，不能和你们谈话，请原谅。今天，有一件紧急事情告诉你：上面有命令，两三天内，在这一带要进行扫荡。因此，你们见信后，请马上转移。我以此来报答你们的厚意。火速。

水源伍长

我们接到信后，马上把情况报告给西海军分区陈司令员。第二天，我们就离开西海地区，回军区了。我们西海地区的部队和群众也都安全转移了。等日本军队出来"扫荡"时，那一带地区早就实行了坚壁清野，使日军扑了个空。

我们知道这些情况后，都高兴极了。大家说：这次我们部队和群众平安无事，说明我们的宣传工作取得了一定成绩。

这一时期，我们就用打电话宣传和送慰问袋的办法，和许多日军据点取得了联系，利用日军士兵的厌战、反战情绪，向他们讲清日本侵华战争的性质，宣传反战同盟"与中国人民并肩携手，打倒共同的敌人，结束侵略战争"的宗旨，号召广大日本士兵脱离日军，到八路军抗日根据地来参加反侵略斗争，争取早日结束战争，回到家乡与亲人团聚。我们这些工作均取得了良好效果。

道头脱险

1944 年春天，胶东的原野披上了绿装。敌人的春季"扫荡"被我胶东军民胜利地粉碎了，但是根据地也遭到了敌人的破坏，急需恢复。我们反战同盟的任务是和敌工科一起，加强政治攻势，大力开展对敌占区群众的宣传工作，和对敌军的争取瓦解工作。当时的国际形势对我们也很有利，便于我们开展工作。

我和渡边二人各领了一支宣传队，从军区政治部出发。我带着吉尾次郎、桥本等，还有朝鲜同志小朴和老金，来到北海军分区司令部，见到孙端夫司令员。他热情地招待了我们，并介绍说，占据在招远县道头镇的日军特别猖獗，经常对老百姓烧杀抢掠，在炮楼里随意射杀行人；还掳掠年轻的妇女，带到据点里侮辱。我们听了都很气愤，同军分区敌工股的同志商量之后，决定去道头开展政治攻势，教训教训敌人，让他们老实点。一天夜晚，宣传队由军分区敌工股的老彭带路，一行八九人来到道头。这天正好是农历的十五，月亮高悬在空中，一片银色笼罩着大地，远处的树林黑黝黝的。

镇里的人都入睡了，一切都显得非常静谧。我们在离敌人炮楼 200 多米远的地方埋伏下，因为这天月光特别亮，我们也没带武装部队，离敌人就得远点。我们用喇叭向敌人喊起话来了，碉堡里的日军听到我们是来宣传的，就朝我们打起枪来。枪声一停，我们又喊，警告他们要老实一点，在太平洋战场上日军被盟军打得一败涂地，他们的末日快到了，到那时，中国人民是一定要和他们算账的。接着又用留声机放送了日本家乡小调。日军听了我们的宣传和歌声，就停止打枪了，我们临走时，把慰问袋和传单挂在树上显眼的地方。

夜很深了。大家又困又累，没有力气赶路回军分区驻地了。我也很累了，可觉得在附近找个地方休息又有点不安全。正在犹豫时，老彭说："去赵家村吧！离这里才 8 里，我认得他们村长。"朝鲜同志老金也一个劲地撺掇。于是，我们就来到赵家村。村长热情地接待了我们这支说话是"大大的"、"统统的"的"日本八路"。安排好同志们的住宿后，村长把我送到赵大爷家去住。这是一个有一排三间房子的院落。我跟着村长进了屋，迎出来的正是赵大爷和赵大娘，他们忙着烧水，拿出鸡蛋、干粮让我吃。

赵大爷一家三口人，女儿赵玉芳是村妇救会长，二十多岁，中等个头，浓黑的眉毛下有一双机灵的眼睛。

我很累，村长一走，就在外间炕上睡着了。

凌晨，忽然一种异样的感觉把我惊醒，一翻身坐起来，又没有什么动静。天快亮了，我把枕边的手枪掖在怀里，轻轻地走出屋外，看见赵玉芳姑娘正站在大门口，为我们放哨呢，我心里不禁感到热乎乎的。我正要上前和她说话，蓦地，传来一声尖厉的马嘶，清晨听来特别刺耳。接着就有人的跑动声。我拔出枪便想往外走，赵玉芳一把拉住我说："这是敌人的马队，你跑不过他们，还是先躲躲吧。"赵大爷也出来了，叫我进屋去藏起来，我只好跟他进了屋。赵大爷叫我藏到空咸菜缸里，赵玉芳觉得不安全，敌人一搜查，不就束手就擒了吗？这时候敌人已经进了村，挨户搜查，鸡飞狗叫，非常紧张。赵玉芳急中生智，叫我把军服脱下，连枪一齐包好，拿到外面藏了，又叫我躺在炕上被窝里，装做她的丈夫。

"咣"的一声门被踢开，两个伪军闯了进来。我这时很后悔，不该把枪藏起来，有武器就不怕敌人，还能冲出去。赵玉芳好像知道我的心情，用眼睛瞪着我，意思是说：别太鲁莽，要沉着。她顺着炕沿坐在我旁边，一只手压着我的肩头，装作刚起来的样子。一个伪军用枪指着我

135

问："什么人，怎么不起来？"她从容地答道："是俺男人，得病了。""什么病？分明是八路装的。"说着就要来掀被子。赵玉芳抢上一步，掀起我的被角说："八路、八路，你们抓去好了，你们找不到真八路，就知道拿老百姓寻开心！"这时赵大爷也走进来，一手拿着老母鸡，一手拿着些钞票，塞到伪军手里，嘴里念叨着："要是八路军还敢躺在炕上？这不病了几天啦，头烫得摸不得。玉芳让老总看看不就放心了？"那两个伪军拿着鸡和钱便转身骂骂咧咧地走了。我躺在被窝里出了一身冷汗。

这股敌人是从栖霞到大泽山去"扫荡"路过这里的，并没有发现我们，只是瞎搜了一气就走了。我们的同志都被村里的抗日积极分子隐蔽起来，躲过了敌人的搜查。

我们觉得在这里很危险，不能久留。临走的时候，我握着赵玉芳的手表示非常感谢，她爽朗地说："这还不是俺应该做的，有啥值得谢谢的，对付那帮日本鬼子和汉奸，还不是能打就打，能骗就骗，等到打败日本鬼子，庆功那天我们还得好好谢谢你们这些日本八路呢！"我被她这淳朴的语言深深地感动了，一时竟什么话也说不出来了，只是毕恭毕敬地朝她深深鞠了一躬。

中国人民是个多么伟大的民族！一名普普通通的农村妇女，在敌人面前表现得那么镇定自若，有胆有识，那需要有多么大的革命勇气和献身精神！在同志面前却又是那么温顺、淳朴和谦虚。这是多么高尚的革命觉悟和阶级友爱精神！在战场上，我看到的每一个八路军战士，都具有英勇牺牲的精神，在群众中，每一个老百姓也同样具有这样优秀的高贵品质。更可贵的是，他们纯粹出于自觉，每一个战士和老百姓都为保卫祖国，反对日本侵略者，作出了自己最大的贡献。

等"扫荡"的敌人走远了，我们就离开赵家村朝军分区驻地出发。

没走多远，又碰上了敌人。这是在野外，没有地方躲藏，只好一面抵抗，一面撤退到一片小树林中。我和石田、朝鲜同志小朴伏在坟堆后面射击。石田和我的枪法准，可以掩护其他同志撤退。敌工股的老彭为同志们带路，已跑出很远，都快看不见了。我们怕被敌人包围也赶快撤退。刚出树林，小朴被一颗子弹打中胸部，石田背上他要跑，小朴说什么也不让。他把文件包递给我，催我们快撤。我伸手要背他，他咬了我一口，瞪着眼睛喊："赶快跑，不要管我！"当时情况紧急，我们只好含着眼泪跑了。小朴继续射击敌人掩护我们，我们跑得很远了，还听到他的枪声。

我和石田也跑散了。我跑到一片红薯地里，被红薯秧子绊倒了好几次，每次摔倒时，都听见子弹嗖嗖地从头上飞过，要是不被绊倒一定会被子弹打中。跑出了红薯地，看见后面远远的还有日军的骑兵追过来，追近了我就一边射击一边跑。后来子弹打光了，身上的公文包也不知在什么时候跑丢了。正在危急的时候，碰到奉命来接应我们的县大队的同志才得救了。这次从早晨跑到中午，真累坏了，见到自己的同志，我马上就垮倒了。大家把我架回去后，直躺了两天，起来时两腿还发颤打软。石田也脱险回来了。

回到军区后，在总结教训会上，我受到了批评。第一，出去宣传，在没有武装部队的保护下，不应该随便宿营；第二，和敌人相遇后，不应该把文件丢失。这次遇险我们受到很大损失，反战同盟的老盟员吉尾次郎下落不明，朝鲜同志小朴英勇牺牲了。半个多月以后，县大队的同志在一口枯井里找到了吉尾次郎的尸体；他是牺牲后被敌人扔到井里的。两位同志的牺牲使我非常悲痛，尤其是吉尾，他和我是同乡，一同去延安学习，一同回胶东坚持抗战，他是我亲密的战友。

我把赵玉芳机智掩护我们的事迹向军区政治部反映了。政治部的于

天镜同志把它整理成文，登在报纸上，表彰赵玉芳同志为模范抗日女
战士。

在反对日本军国主义侵华战争的年代，作为一个日本人，我把自己
的荣辱、存亡同伟大的中国人民联结在一起，出生入死，辗转斗争，直
到赢得最后胜利。以上只是我自己在那漫长斗争历程中的几个片段回
忆，以奉献给生活在今日幸福时代的年轻朋友们。

一个日本军曹的自述

[日] 永富博道 著　赵静波 译

　　1945 年 8 月 15 日，日本宣布无条件投降，抗日战争胜利。可在山西，有一支神秘的日军部队留了下来，人数多达 3000。这支部队在阎锡山的直接操纵下，同我中国人民解放军作战达四年之久，直到山西解放。他们的目的是为了什么？作者永富博道用自己的亲身体验诉说了一段鲜为人知的历史。永富博道是日军第一军情报军曹，战败后，留下来担任日军中佐，和阎锡山部队一起同人民解放军作战，太原解放后被俘，作为战犯被监禁 15 年。1964 年回国，现在日本东京经营一家针灸医院。本文译自日本《现代》月刊 1991 年第 9 期。　　　——译者

战争刚刚开始

　　每年 8 月 15 日，都有一种难于言状的心情。对于日本国民来说，这天是无条件投降的终战纪念日。可对我来说，却是一场黄粱梦的开端。

　　为了复兴战败后被美国占领的日本，我们将继续留在资源丰富的中国山西省，建立日本的势力圈。46 年前，我们在中国山西省迎来了战争结束。我们计划：留在当地，控制丰富的煤炭、铁矿，使其成为复兴日本的原材料供应基地。

　　战争结束后建成的"梦幻的日本军"大约有 3000 人，加上随军家属及在当地日本企业工作的日侨总共 6000 多人。我们以山西省省会太原为中心，在战争结束后的四年里，和中国共产党军队作战。四年战争一直到太原被共产党军队攻克，日军死亡大约 1000 人（包括病死者），失踪及被俘约 1000 人。

　　滞留在山西省的这支部队的实情鲜为人知，日本政府也认为这支部队是自愿留下的，即使战死也被作为"一般病死者"处理。我在此将这支"梦幻部队"的真相昭之于众，目的在于让天下知道过去日本人在中国做了些什么。

　　我是在山西省闻喜县的第五独立警备队总部听到天皇宣告战争结束的。当听到广播中传出"堪之所不能堪，忍之所不能忍……"一句时，我想道："真正的战争刚刚开始，我一定要留下来，不能厚着脸皮回到被美军占领的日本。"

为了和八路军对抗

　　战争结束时，我是北支那方面军第五独立警备队第二十七大队总部情报室军曹，曾在中国（国民党）部队担任过指导教官，所以对山西省形势了如指掌。君临山西省的军阀阎锡山是国民党第二战区司令长官，但和国民党统帅蒋介石时而亲睦，时而反目，采取独树一帜之策，不怎么和日军作战，一心一意为和共产党军队作战而保存实力。阎锡山主张山西门罗主义，在经济方面，把产业放手交给暗杀张作霖后退役的日军原大佐河本大作设立的山西实业公司，并邀德国工程师做顾问，企图建立山西独立王国。

在这种情况下，29 岁的我决心无论以什么形式都留下来为日本奋斗。不久，我随大队撤回设在太原的第一军司令部，军队已在太原解除武装，等待回国。由于担心日军解除武装后，八路军会席卷山西，阎锡山计划留下一部分日军和八路军作战。

阎锡山把三万晋军集结到太原南部的平遥。有一天，日本第一军参谋长山冈道武前去拜访阎，阎要求道："日军虽战败了，但素质优秀，希望能留下一部分日军负责保安工作。"

山冈回答："我回去和第一军司令部（澄田睐四郎司令官、中将）商量，尽量满足阁下要求。"

商量的结果，阎的请求被批准了。9 月初，澄田中将出任山西省总顾问，山冈参谋长出任副总顾问。同时，为了积极促使日军留下来，还成立了日中合作机构"第二战区司令长官合谋社"，下设军事处、经济处、总务处、文化处，均由日本人负责。军事处负责日本军人和民间的滞留事宜，总负责人是曾任山西省政治顾问的城野宏。我也怀着"为了复兴祖国的建军"热情，在城野宏手下开始了军队动员工作。

当时，集结在太原周围的日军急于复员回国，大多不愿留下，我虽到各部队去游说，但即将回国的士兵们对此无动于衷。下面按兵不动，当官的也无能为力。

于是，"合谋社"有意识地放出风："如果留守人员达不到阎长官要求的 1.5 万人，就将在山西曾犯有杀人、放火、掠夺、强奸罪行的人作为战犯判刑，复员回国也无望了。"

这一招儿果然见效，惶惶不安的日军士兵听上司这么一说，只得无可奈何留下，有的先遣返家属，自己则留下来。

另外，还有的士兵受到上司威胁：战争中的特务要被判死刑，不想死的就加入特务团。军令如山，不服从命令格杀勿论。因此，多数人是在这种情况下留下来的。

丰厚的活动经费

是去是留，太原城内的日军议论纷纷。这时，在战争中很难见到的肥皂、砂糖，甚至美国骆驼牌香烟不知从哪儿冒了出来。日本人经营的咖啡厅、日本菜馆应运而生，电影院放映日本电影，日本火锅店也开了好几家。街上一派繁荣景象，和战时恍若隔世。

当年，日军侵占山西后，接管了矿山和重要工厂，由第一军负责管理。东洋纺织公司、浅野水泥公司、大仓商社等日本公司纷纷进驻山西，向第一军提供资金，作为活动经费。

战败后，驻山西日军仍拥有大量能自由支配的资金，加之山西土皇帝阎锡山也给留下来的军人提供经费，真可谓粮秣充足。一些当官的及时行乐，在分配的高级宿舍里拥娇抱柔，每天过着骄奢淫逸的日子。我劝留的对象中，有一个日本人，在家同时和两个朝鲜女人同居，对我的劝说置若罔闻。此君战时是个参谋，曾率先高喊"为了祖国"而督战，此时却摇身一变，沉溺在纸醉金迷之中。我气愤难当，斥责他："你小子难道不想复兴祖国吗？"并扯下了他的参谋肩章。真是蛮横的劝留工作。

到 1945 年 12 月，日军特务团编制计划出笼。以司令部总司令三浦三郎中将为首，下辖步兵六个团、炮兵一个团，另有直属司令部的装甲部队、士官学校、医院，总人数约 6500 人。

1946 年 3 月，特务团组成。这时，日军总司令部参谋官崎瞬一中佐从南京乘飞机来到太原。另外，美军、国民党、共产党方面组成的三人

"调停小组"也同时抵太原，毫无疑问，他们不允许日军继续滞留。调查一直持续到 5 月，特务团被分成六股，分散隐蔽在太原周围的忻县、彭村、阳泉、大营盘等地。其间，阎锡山恐南京政府及美军发觉，调来列车，让特务团的部分日军从太原撤至天津，有些原想留下来的人也随大势回国了。等调查小组撤走后，剩下的日军减少至 3000 人，太原的日军司令部也在形式上解散，十余名高级军官也作为"战犯"被"收监"。但是，第一军司令官澄田睐四郎、一一四师师团长三浦三郎仍暗地住在太原城内高级住宅区工程师街洋楼里，并配有秘书、厨师、日本女佣、带司机的专车，每月还从阎锡山那里领取相当数额的生活费。

"三光"政策

三人调停小组撤回南京后，5 月共产党军队开始进攻，国共内战激化。6 月间，我藏在榆次附近狄村的庙里，负责收集有关八路军动向的情报。

有时我换上中国人的便服，进入共产党军队所辖村庄，调查他们的人马编制，向大队报告。其间，统领步兵第三团的大场孝二派部下请我加入第三团，于是我又成了第三团的高级副官。

7 月，中共贺龙部队在太原东部陈兵；徐向前部队亦部署在太原南部的运城、平遥、汾阳；在太原北部，聂荣臻部队正在进攻崞县、原平镇、忻县等北同蒲线的各个城市。

我所在的第三团参加了寿阳县景尚村战斗。当时，由日军四个团和阎锡山第九总队一个中队在岩田济一参谋率领下，扫荡寿阳、榆次县境附近的共产党军队所辖地区，每到一个村庄都实行"三光"政策。因仅存的一点粟米被抢走，眼看着女儿、妻子被强奸而怒不可遏的中国农夫，那仇恨的眼神，至今仍深深地烙在我的脑海里。真是惨无人道，所作所为，令人发指。

到达景尚村时，我们在黄土裸露的丘陵地带遇到了共产党军队埋伏。部队呈一列纵队前进，第三团殿后。但是，因无线电台出故障，和前方的岩田司令失去了联系，对方兵力却在不断增加。天空变暗，形势对我军极不利。第一团的小田切正男拔出军刀，率兵与共产党军队展开白刃战，突破了包围圈，但殿后的大庭中队却不能动弹。大庭队长急得直对我喊："赶快和前方的岩田参谋取得联系，让他们迂回到敌后救援。"

共产党军队高喊"杀、杀"，突击过来，重机枪子弹和迫击炮弹发出可怖的怪啸声落下来。大庭队长迎击掩杀过来的共产党军队，竟至大腿中弹，动脉被打穿死去，副队长小川龟吉也随即阵亡。大庭队长死后，我被任命为队长。

留下 16 岁的新娘而战死

出现阵亡者后，部队开始产生动摇，不安的心境逐日扩展。

"留下来究竟为了什么？"

"说不定不久该轮到自己了，为了他国的内战而死，死了白死。"

有一个 26 岁的士兵，是服从上司命令留下来的。他娶了一个 16 岁的日本新娘，队友们很是羡慕，常常揶揄他。不料，这个兵出去抢粮食，被共产党军队打死，新娘结婚不到一年就成了寡妇。

1947 年 5 月，薮田信夫率领的第五团在阳泉被共产党军队包围。我队奉命驰援，但通往阳泉的道路被共军控制，第五团的日军无力冲出重围，500 名日军成了俘虏，薮田在阳泉被枪毙。这次战斗瓦解了日军意志。

每天遥拜皇宫

日军司令部每天通过短波收音机监听日本的情况。有一次，监听员无意中透露："在日本，学校的老师正在罢课。"被上司严厉训斥了一顿。我们无从得知正确的情报，只是想象在美军占领下的日本已变得面目全非。每天早上，我们都向东方行鞠躬礼，遥拜皇宫。举行各种典礼时，必定要三呼"大日本帝国万岁！"

当官的生活得到阎锡山保护，粮食都是实物配给，不会挨饿。当兵的就惨了，发给他们的是纸币，一无信用二无价值，一个月的饷金只能买两捆菠菜，其家属只得变卖手表、家财来应急。

其间，在共产党军队的进攻下，太原成了座孤城。阎锡山抓了一些解放区的村民，严刑拷打，收集情报。在特别宪兵队和训练所，用砍头、吊打、灌水等酷刑，每天要杀很多中国人。完全处于一种战争末期的歇斯底里状态。

1948 年 6 月，我被今村司令解除了职务，派遣到上海，目的是为了在上海创设同日本的联络所，研究召集日本义勇军的事宜。在上海，我还会见了与国民党对立的民社党总裁张君劢。

"活着回去！"

7 月，在太原周围展开了晋中会战，中共徐向前部队进攻平遥、太谷。我被电令立即返晋，8 月初，抵太原，日军的惨状惊得我目瞪口呆。7 月初，平遥陷落；中旬，元泉少将在太谷战死；第一团的小田切队长、第四团的增田直年队长、第六团的布川直平队长阵亡，第三团的住冈义一队长成了俘虏。部队遭到了毁灭性打击。

徐向前的部队以压倒优势的兵力、武器进攻,太原城内爆炸声不断,大批市民、士兵、官吏从南面的太谷、榆次逃进太原城,城内一片混乱。

9月,在太原城外的东山,为迎击进攻的共产党军队,第三团的冢本恒夫队长阵亡,太原城外能俯视城内的高地牛驼寨也被占领。第二团的相乐圭二队长领兵反攻,10月中旬,双方为争夺牛驼寨展开攻防战。

我重新担任了第三团的队长,参加牛驼寨之战,阵地设在仅有数百米的高台之上。对方源源不断地向上攻。白天两军各自躲在战壕里对射,一到夜晚,就使用山炮、手榴弹、火焰喷射器,被黄土覆盖的松软的大地,被数千发炮弹翻了个个儿,身边的手榴弹有时甚至被尘土埋住。

形势对我军越来越不利,共产党军队开始突击,双方展开白刃战。在尘雾、硝烟和炮击的爆炸声中,传来伤兵呼唤母亲、妻子的呻吟,有的士兵在白刃战中受伤,得不到绷带和止血药。太原城内的弹药补给渐渐跟不上,加之共产党军队的兵力多于我军数倍甚至数十倍,每次突击过后,我们都有十余名伤兵倒在战壕内。奄奄一息的伤兵临终前对战友高呼:"你小子可得活着回到祖国!"他们多么想回家呀!可为什么要留下来?

阵亡 200 人后撤退

牛驼寨之战,我军使用了毒气弹,不过风太大,使用量不太多,效果不佳。至11月,山西大地已是寒风凛冽,消耗战还在持续。一天,共产党军队炮弹击中了我军阵地的弹药库,引发了大爆炸,全军只得撤回太原。牛驼寨一战,双方死伤数万人,日军至少死亡200人。

撤回太原城后,我军开始和阎军一起进行炮兵训练,以备即将来临的太原城内战。阎军的步兵部队几乎没了战斗力，只能仰仗大炮了。

阎锡山肯定知道春季到来后共产党军队会发动攻势。1949 年 1 月，天津被共产党军队攻克。2 月，澄田中将被阎锡山批准回国。

澄田独自一人带着阎锡山送的金银财物，乘飞机离开了太原。3 月，阎锡山也去了南京，梁化之担任代主席兼总司令。4 月 21 日，梁司令命令全体阎军集结太原城内，并以对战斗不利为由，命令毁坏南门外所有房屋。

处置碍手碍脚的患者

4 月 22 日，太原城东门枪炮声大作，共产党部队的总攻击开始了。我正在司令部三楼安排家属，只听到震耳欲聋的炮弹声在城内四处炸开，一时间天摇地动。

这天，日军医院下达了将伤病员分散到各个日本人家庭的命令。其间，发生了惨无人道的事情。我家里运来一个 24 岁的日军结核病患者，妻子熬了一碗浓汤给他喝。

"夫人，真好喝。"不料，患者刚说完这句话，就停止了呼吸。一小时前，他刚刚接受过注射治疗，极有可能是医生将这些行动不便、碍手碍脚的患者"处理"掉了。太原被攻克的前一天，在其他人家也发生过肠病患者猝死的事情，医生们肯定是接到了处置命令。

司令官服毒自杀

23 日黄昏，炮弹摧毁了司令部四楼礼堂的屋脊，太原城墙同时被攻破。24 日清晨，共产党部队从东门蜂拥而入，我所在的司令部三层也被占。一名稚气未消的解放军士兵对我说："不要害怕。"将日军士兵带到了北门外的收容所，总人数大约 1000 人。

3000 名留下来的日本兵最后只剩下 1000 人，我仍未觉得"败了"，还寄希望于我在上海进行特务活动时和日本本土进行的联系和交易。

不料，今村方策司令官服毒自尽了，军医汤浅谦说："司令是被用门板抬到医院来的，完全处于昏迷状态，瞳孔没有反射，手脚冰凉，已没救了，自尽是有心理准备的。"

太原被攻克后，阎军官兵，还有宪兵共 300 余人，在山西政府绥靖公署互相用手枪集体自杀①。还有一家日本人，一家七口死于一颗炮弹之下。

我被送到了榆次的长凝镇，从那儿寻机逃脱，回到太原开露天摊子糊口。1949 年 12 月，我被公安局逮捕，送进收容所，后被关进太原监狱。1958 年 6 月，作为战犯被判监禁 18 年。1964 年 3 月被提前释放，共度过了 15 年漫长的监狱生活。

最后，我想说明两点：

第一，我从 1937 年投身部队，是完全相信了日本侵略思想的结果。实行"三光"政策，为了壮胆而刺杀俘虏的残暴行为，预示了侵略者的下场。

第二，加害者从不理解被害者的痛苦。日本人懂得了广岛、长崎原子弹带来的灾难，却对东南亚国家和中国人的心情不予理解。不承认事实、忘却过去者，是不会从历史中学到任何东西的。

---

① 据《纵横》1989 年第 2 期《"太原五百完人自杀成仁"真相》一文，此事件是国民党方面为宣传而捏造的。

一名犹太人避难上海的回忆

乔治·赖尼希

在 20 世纪 30 年代中后期，随着纳粹在德国的掌权，一批又一批受迫害的犹太人不惜长途跋涉，从德国、奥地利、捷克斯洛伐克等地乘船来到上海，近两万人在此避难。当时几乎所有国家都禁止没有签证的犹太难民入境，而只有上海尚未有入境限制。在这里虽然暂时逃脱了迫在眉睫的大屠杀，但与大多数毫无钱财的犹太人一样，我们只能在该城最贫困的地区之一——虹口居住，在艰难中度日。

一

1939 年 8 月，我们一家泊抵上海，早已等在码头边的伯父把我们带到虹口那间业已租下的小屋。他已经在上海待了一年，是当时专为无家可归的难民建立"海姆"（德语"家"，此处指难民居宿地）的共同创建人之一。由于旅途的劳累和病痛，大家都为有此栖身之处而庆幸，以期能睡个好觉。但事与愿违，在上海的第一晚就遇上台风，一夜大雨滂沱，屋漏如注，谁也没有睡好。

台风过后，我们对周围环境作了番了解。新居坐落在虹口公共租界中最贫穷最底层的地段，除了中国人外，还住有日本人、锡克族印度人及新近到来的德国、奥地利难民。当时后者仍以每月1000人的速率涌入上海，新来的人离欧时起初还被允许随身带些钱，但后来到达上海的犹太人就全然身无分文了。

开头几天，我们的膳食由一处"海杂"供给，饭菜虽不怎么可口，但我们仍为能受到如此接济而感激不尽。谁料就在庆幸之余，麻烦也接踵而至。上海的夏天，热浪和恶臭搅得人心烦意乱，众生相在街头毕现，适者生存的原则在此得到了充分的体现：没有公共厕所，人们便随地大小便；街上摆开各类饮食、理发、牙医摊，还有代写书信的；无家可归、贫穷潦倒的难民也不知是病了还是死了，无声息地躺在街隅拐角；随处可见因轰炸和大火造成的残垣断壁，以及成群的苍蝇和发着腐臭的成堆垃圾……父母每次回家都神情沮丧，虽然我们享有对有孩子难民家庭的补助，但还不足以缴房租。在中国人干同样工作只能得到1/4报酬的情况下，欧洲人的就业境遇也就更希望渺茫了，母亲经常因我们生活艰难而流泪哭泣，父亲不断安慰她说："应该为逃出纳粹地狱而感到庆幸，上帝一定会帮助我们渡过这番新的痛苦劫难。"

鉴于房租太贵，父母亲经常留意寻找一个较便宜的住宿。几经周折，我们最终在虹口偏僻地段一幢房子的二楼租到了一间房，房间拐角处还带一个小厨房。底楼住着两个同样是外来移民的家庭，一家是夫妇俩和17岁的女儿，另一家则是一对中年夫妇及女儿女婿。我们三家公用一间厕所和一间浴室，用热水要到附近一家中国人开的老虎灶去买。最初几个晚上，父母整夜都忙着捕杀成群结队的臭虫，不然大家根本就无法入睡。

为了生活，掌握多种外语的父亲谋求到一份当教师的工作，可后来发现那是无薪俸的，就辞职不干了。母亲曾在维也纳学过艺术和工艺学，她想依靠制作当时流行的手工制花来维持家庭生计，这样既能在家工作又能同时照看刚刚会走路的我。父亲则被迫走家串巷兜售"鲜"花。幸运的是，从欧洲出走时父母有心随身带了些工具，唯一必须的是要购置一些合适的材料做花。那时我们手头很拮据，出于无奈父母出售了一只祖传的水晶花瓶，才换回了少许中国货币。

母亲准备了一些用麂皮制作的样花，父亲要搭乘电车进城去卖，但在上海，登上一辆电车几乎无异于自杀。电车一停，中国人即自车厢四处（包括车窗）奋力地蜂拥而上，可怜的父亲几乎被挤得窒息，才好歹在电车的上下踏脚上谋得了一足之地。到达位于公共租界的静安寺路（今南京西路）后，他就逐家拜访那些豪华典雅的商店。有一家店主，一位欧洲籍的太太订了一打紫罗兰花后，问我父亲"从哪儿来""已在上海待多久了"，了解了我家的境遇，一阵唏嘘，她深有感触地说，以后无论何时父亲需要什么，她都乐于帮助。

二

1939 年 9 月 4 日，英国因其盟国波兰遭受入侵而对德宣战的消息传到了上海。上海震惊了，难民们惶惶不可终日，身家性命顷刻处在危急之中。

宣战后，上海已不再是个自由出入的城市，要想进入上海，必须从日本当局获取准许。听到这一消息，母亲泪流满脸："必须竭尽全力使我的父母早日逃出维也纳，否则他们将死在集中营里，一想到那悲惨的结局我就受不了。"随后母亲夜以继日拼命地干活，以尽速交货攒钱。当父亲把手工制花交给那位太太，并提起要将我外祖父母接来上海时，她说:"让我试试我能为你们做些什么,我有很多关系,顺便问一下,你能不能编制像这个样子的草包?"说着她拿出一只上面绣着花的白色手提草包,"我认为你家不能单靠制作手工制花来维持生计。我在香港还有几家店铺,它们会需要很多很多这样的手提草包"。

当时有许多难民感染上了在欧洲几乎闻所未闻的热带病,作为罹病者之一的父亲亦腹泻不止,身体虚弱。但迫于生计,他四处奔波,终于找到一家德国难民开的专门制作手提包的工厂(原料须由父亲提供),并迫不及待地带了样包去城里找那位太太。

那位太太对样品欢喜不已,一下子订了三打。她还告诉父亲,有关他岳父母申请来沪的批准手续大体上已经办妥,但日本总领事馆还要了解一些详细情况,他得准备近期内被传唤。

几周后,父亲果真被叫到了日本总领事馆,并经历了一场简短的诘询。1940 年 3 月的一个雨天,在经过一阵望眼欲穿的焦虑和几乎放弃希望的等待后,一纸允准终于颁发了,不过有效期只有四个月。欣喜之余,父母亲立即把好消息通知了维也纳。

为接待外祖父母,父母亲又找了一套两个房间及一个小厨房的新住处,只是与邻居 20 来人共用一个盥洗浴室兼厕所。尽管如此,我们已很满足了。

一天,那家手提包厂的一位工人郭先生找上门来,告知他与德国老板闹翻离开了工厂,并希望能与我父母一起干,父母同意了。不久他带来了自己的全套工具,我们又请木匠做了一张很大的工作台和一些架子,加上家里的那台脚踏缝纫机,我们的作坊就这样开张了。在很短的时间内我们接到了许多订货,生产的草包销往哈尔滨、天津、中国内地,甚而前法属印度支那。因生产的扩大我们还雇用了一些中国工人,至于包上的绣花也交给了乐于赚两个小钱的邻居们去完成,郭先生则负责翻译和安排工人做活。中国工人都很勤勉和聪明，他们仅凭原始的工具就能制作出由我母亲设计的一只只漂亮而时髦的手提草包。有趣的是在劳动的交往中，中国工人很快就能讲上一两句英语和德语，改变了早先我们难民一味地学中文的情况。遇到特别忙的日子，工人们还会唤来他们的妻子帮忙，午饭时他们津津有味地吃着大碗的米饭，为了显示心满意足，竟还不加掩饰地大打饱嗝。起初父母亲都吓坏了，后来才被告知，那是对被诚意款待表示感谢的一种习惯方式。

随着时间的推移，难民们虽被本地文化逐渐融化，但也竭力保留他们源自欧洲中部的生活方式。不久，在虹口开设了许许多多的咖啡馆和小饭店。人们在那里闲谈，议论时事，一桩无稽之谈的小事会不胫而走，传遍虹口的每一个角落。剧院也没有闲置，那里甚至还上演维也纳的轻歌剧和话剧。一位维也纳的艺术家还开办了教授绘画的专门学校……日子渐渐好过了，翘首鹄望的外祖父母的回信也终于来了。他们将乘火车离开维也纳经由柏林和布列斯特，转横贯西伯利亚的大铁路途经莫斯科，穿越乌拉尔，再经满洲里直抵当时已在日本人控制下的大连，然后搭船到上海，全程 6000 英里。同行的还有另外 15 名难民。信中说他们十分迫切地期待着与我们，特别是我（小乔治）见面。

我们全家终于在码头边迎来外公外婆。后来知道，他们陆路行程比较顺利，苏联人还算友好，只不免带有些许怀疑；海上旅途则截然不同，旅客们像沙丁鱼般地挤在绝无新鲜空气的昏暗底舱里，外加糟糕恶劣的膳食，折腾得人够呛。

这段日子我们家日子过得较为安宁和谐。父亲和外公专跑客户，并用人力车进料送货；母亲去市场采购，打扫屋子，而后与中国雇工一起编制草包；外婆则负责烧饭和照料我……但毕竟身在异乡，今后如何，只有天晓得。

三

对在上海的难民来说，日本人偷袭珍珠港和随之美国的宣战不免使人忧心忡忡。我们这些流落在上海的难民，又开始提心吊胆地等待着作为德国盟友的日本人将作何举措。答案很快就见分晓：自1941年12月珍珠港事件后，日本人中止了移民进一步流入上海，上海已不再是自由港。犹太难民的地位岌岌可危，几乎被剥夺了自由，他们在虹口处于日本占领军的半囚禁管制之下。进城得凭通行证，有时为了得到通行证需排队站上好几个小时；接着又签发了每人必须时刻携带在身，以资识别的拘留营居民证；食品供应、煤、电、煤油和煤气等日益匮乏，货币贬值而黑市猖獗；各种季节性热带病流行，夺去了许多难民的生命。犹太难民不知道等待着他们的将是什么样的命运，只是每天维持着仅以果腹的日子，揣度日本人是否会效法德国人对自己下毒手。他们深感自己被抛弃在了这一世界的偏远角落。那些英国移民的境况也不妙，许多人被强制住进拥挤不堪的拘留营，仅靠米饭和自来水维持生命，不少人还遭到囚禁和严刑拷打。日本领事馆和日军当局还对难民发布了警告："国际情势的主流已剥夺了你们自由生活的权利，为此你们必须本着和睦共存的精神勉励遵守各项法规条例。若有违抗者，将依照刑事条例予以严惩不贷。"

当时在上海的犹太人还不知道，负责日本、中国和伪满洲国事务的纳粹盖世太保头目，曾因屠杀成千上万波兰犹太人而素有"华沙屠夫"之称的约瑟夫·梅辛格，已奉命离开他在东京的总部前往上海，协助解决所谓"犹太人问题"。他一到上海就向犹太事务署的代表，特别是难民事务所主任久保田勤交底："现在在上海的犹太人共17000人。作为盟友，我们感到你们自己也必须驱除整个犹太瘟疫。"然后他又概述了处理犹太人问题的一整套计划："我的第一个建议是：9月犹太人新年到来时，几乎所有的犹太人都将聚集在各处犹太教堂内，届时一锅端把他们包围起来，剥光衣服，赶上船只任其漂流，那些船只慢慢会自行沉没，这样也就不用操心尸体了。第二个建议是：江河湖海边废弃着众多盐场盐矿，可驱使犹太人前往挖盐，仅供应最低限度的食物，这样他们也就活不了多久了。第三个建议是：在长江口的崇明岛上建立集中营，以犹太人作为对象，进行包括对神经系统进行研究的各项医学实验。"梅辛格的建议令日本人也吓了一跳，他们表面上谦恭地微笑表示同意，事实上并未打算执行，只作为折中办法在亚洲建立了第一个犹太人隔离区。1942年11月，日本驻上海总领事馆接到来自东京的训示："拟在虹口地区建立一个犹太人区，一应看守、管制、领导等职能将基于军事上的目的。"这一指定区域方圆尚不足3平方公里，除了15000名犹太难民外，还住有几千名日本人，以及大约10万名中国人和几千名印度锡克人。战后，久保田勤因没有采取行动杀戮犹太人而未被作为战犯审判。

在犹太人隔离区内，人们生活变得越来越艰辛，煤气和电力的供应受到严格的限制，连煤也很难搞到。心灵手巧的中国人用垃圾和褐土掺水揉合，在太阳下晒干制成土煤，再伴以废纸和木柴来助燃烧，只是烟雾弥漫呛人，得用扇子扇个不停。尽管困难重重，我那仁慈而善良的外婆仍不顾自身的心脏病，几乎每天都要邀请那些缺衣少食、饥饿难忍的难民上我们家吃晚饭。通货膨胀使上海孕育着骚动，许多移民再也忍受不了他们所承受的一切，一些妇女甚至沦为靠卖淫为生的娼妓。持续的动荡不安使一部分人产生了宿命的情绪，也有许多难民晚间麇集在一起收听有关战事进展的越洋广播。当时最新的消息是：德国人继撕毁布列斯特和约，开始其"巴巴露莎"行动计划后，已逼近列宁格勒。一时上海纷纷传说欧洲的犹太人正在集中营内被纳粹用毒气成批处死，日本人也将驱逐犹太人并采取类似的措施。更有消息说日本人正在吴淞营建集中营，以期大规模灭绝犹太人。

不久，日本人即在虹口"隔离区"组织推行起所谓的保甲制度，所有年龄在 20 岁至 45 岁的强壮犹太人都被强制编入名册。大家对此十分憎恶，各项差役都被众人看作一种无奈的罪孽。作为进一步措施，当局还宣布了宵禁。恰在此时，霍乱、疟疾、伤寒、阿米巴痢疾和各种流行性疾病开始在上海肆虐流行，"上海阿兹肯纳齐社团救济会"虽在隔离区建立过一所医院，然而因规模太小，许多难民得不到救治，加上盟军的封锁，救援物资减少到了最低程度，当地百姓的少量捐助也只是杯水车薪，远远满足不了难民社区的需求，人们的生活真可谓雪上加霜。

自 1942 年初到战争结束的这段时间里，由于食物匮乏，致使黑市价格扶摇直上。印度锡克人贩卖的一种山羊奶，泛青的色泽与牛奶绝无相同之处，肯定已被加水稀释且未经消毒，饮用这种代用奶无疑是对霍乱的公然邀请；食用黄油简直是种奢侈享受，五口之家享用一盎司的黄油就如同参加一次盛宴；餐桌上的鸡因瘦弱不堪而显得先天营养不足，菜市里的鱼为表明其新鲜而在鳃上涂上了红颜色，罕见的水果价格贵得让人咋舌……超乎想象的困难处境驱使许多人走上了歪道，一些妇女为了生存丢弃尊严和廉耻当上了妓女。她们的理由是："我们要活下去！礼义道德于我们一事无补，我们或许活不到明天，但我们有资格今天活着！"

苦难的历程随着 1942 年冬天的到来益加难捱。那年天气格外寒冷，许多没有遮蔽、无家可归的中国人被冻死在街上。我们在家里也冷得几乎无法忍受。那个日当作坊、夜当卧室的大房间，尽管坐满了操作的中国工人也绝无热气可言，大家还是一个劲儿地呵气取暖。母亲除了照料病中的外婆和我外，还得忙里忙外照应一切，每当夜晚降临时，总是累得精疲力尽地瘫倒在床上。父母偶尔会会朋友松弛一下，可却往往免不去"战争"这一沉重的焦点话题。除了伊比利亚半岛、瑞士和瑞典外，差不多整个欧洲大陆都已陷入了纳粹的魔爪；苏联正与德军激战，双方死伤已达数百万人；日本人也不甘落德国之后，法属印度支那、泰国、缅甸、马来亚、菲律宾、荷属东印度群岛乃至新几内亚北部的岛屿均被其鲸吞，香港和新加坡也相继沦陷……

然而苦难的日子并非没有尽头。不久，苏德战场戏剧性的帷幕终于揭开了。随着苏联取得 1943 年初斯大林格勒会战的胜利，德国弗雷德里克·冯·保罗斯将军率领的不下 22 个纳粹步兵师投降，整个战争的态势终获扭转。我们在上海听到这一好消息都禁不住欢呼雀跃。虽然我们的境遇并未得到改善，但战争的天平已经开始向我们倾斜，这多少给我们带来了希望和憧憬。为了表示庆祝，父母还特地去虹口唯一的一家电影院看了场电影（因为没钱，不能全家都去）。接着，日本当局依照德国领事馆的提议，允许嫁给犹太难民的非犹太裔德国妇女搬出虹口犹太人隔离区，住到较为舒适的城里以俾受到保护。这一提议立即遭到了绝大多数当事者充满蔑视的拒绝，只有极个别的人因不堪忍受隔离区的清贫而选择了前者。那年年底，德国人还间或在城里散发反犹的传单，但老百姓普遍都对之置若罔闻，无动于衷。

社区的"难民之家"当时每天只供应 5000 份饭菜，而且每份都要斤斤计较地予以过磅，这 1350 卡路里的食物热量尚不足以使人抵御饥饿的威胁，更不要说抗拒疾病的侵扰了。尽管有社会捐助的支持，毕竟上海的通货膨胀已猛涨至 100 元（当时的中国货币）兑换 1 美元，如果将钱存在银行里，一不在意就会暴跌至几乎一文不值。而这时差不多有 7000 名犹太难民处于水深火热的死亡边缘，在指望着各救援组织的各种援助。此外，随着美军轰炸的逐渐频繁，以及美军接连攻占吉尔伯特、马绍尔、马里亚纳等濒近日本的那些太平洋岛屿，难民们生怕横遭日本人最终灭绝种族行动的恐惧重新又抬了头。

屋漏偏逢连阴雨，我外祖母的病情又日渐严重，人也消瘦得变了形，医生诊断说是癌症，恐怕拖不到几个月了。这一消息犹如当头一棒，母亲悲痛得揪心如焚。尽管我们设法搞来了通行证，每周两次用人力车送她去城里医院接受治疗，这期间还施用了吗啡以减缓她日益加剧的痛苦，但最终她还是长逝于亲属膝绕的床榻之上。大家都为失去了这位毫不利己专门利人的慈爱长者哀恸不已。由于根本找不到木材，她老人家的遗体只能被放置在竹制棺材里，葬于市郊哥伦比亚路（今番禺路）的犹太公墓内。愿她在天之灵得到安息！

1944 年来到了，战局有了根本性的转变，盟军在各战线节节胜利。英美登陆莱特岛，麦克阿瑟将军许诺的"我会回来的"预言得到了实现，日军伤亡犹甚；与此同时，德军已被迫逃回本土，希特勒本人也于该年底蜷缩到他构筑在柏林的地下碉堡里去了。几天来，美国飞机已开始直接飞临上海市区上空，空袭警报的呼啸长鸣不时传来。日本军队忙于廓清道路并强迫大家隐蔽疏散，若有违抗不从者则当场枪毙示众。11月的某天，终于有第一轮炸弹落在了法租界外围的一个临时机场上，致使一座油库当即焚毁，接着苏州河北岸的日军防地也遭到了袭击。日军的抵抗十分有限，只有不多几架日机起飞迎战。难民们尽管对美国飞机的出现欣喜若狂，但迫于没有防空掩体，没有红十字会或类似组织机构的救援，大家只得听天由命，各自逃生。

这段时期母亲常抱怨背部疼痛并伴有持续不退的高烧，由于时值冬天她一直以为是风湿病。后来她晚上时常疼得尖声叫唤并噩梦频繁，经医生诊断为肋膜炎，积水已经浸润了两肺，建议施行钙针注射以代替手术，并应注意卧床休息，辅以营养滋补。我们的邻居担负起为我们一家以及中国雇工们烧饭的任务。经过几周的治疗，上帝大概也感应到了大家特别是我母亲的祈祷，尽管十分虚弱，她终于能够起床了。母亲勉力求生和帮助全家克服难关的强烈信念支撑了她在康复的崎岖小道上奋力拼搏。

美军的轰炸越来越加剧，空袭通常在中午时分进行。我们家对面有幢日本人占作市政管理之用的大楼。一旦警报声起，人们都逃往那里躲避轰炸。楼内拥挤不堪，许多中国人还要抽烟，尽管墙上贴着偌大"禁止吸烟"的告示。我们决定跑到底楼，全家蜷缩在楼梯斜坡下堆满扫帚、刷子等清洁用具的储藏室里"双重避难"。一次空袭后，父亲跑出去察看，令他吃惊的是损失惨重的中国百姓依然若无其事地从事着各自的营生，似乎什么也未发生过。有一次空袭，美国人轰炸的目标是日军的无线电台，而炸弹却落到了与其毗邻的一座房子，一下子炸死了30多名犹太难民。

这时各种疾病也与日俱增。日本人害怕大规模的流行传染病泛滥蔓延，规定所有居民都必须打预防针。尽管应难民的要求，日本人还破天荒地提供了免疫血清，可中国老百姓却普遍不予合作。这在他们来说恐怕孕育着不可估量的潜在反抗意义。

苏联人已越过了战前的波兰边界稳步向德国境内挺进，但远东太平洋地区的战争仍以双方巨大的伤亡而犬牙相持着。日本人的"自杀飞机"虽然给美军造成相当的损失，但败势已定，垂死挣扎也难以挽回军国主义覆灭的命运，他们自己业已清楚地意识到了这一点。于是难民们重新产生了担心遭到大规模报复性杀戮的恐慌。一位朋友来我家劝诫我父母，与其藏钱不如抓紧时机买进黄金以备不测。他哪里知道我们的钱差不多早已在食物购置、医疗费用和支付房租等支出中消耗殆尽了。唯一引以宽慰的是我们总算还不至于依赖救济。

四

1945 年 5 月，德国投降的消息传到上海，但对难民们来说这场战争还未结束。日本人在加紧治安和宵禁的同时，开始将其家眷和辎重物品装船运回本土。上海四周中国共产党人的活动愈益频繁活跃，并着手包围该城。美军的轰炸继续进行，日美双方仍处于交战状态。

不久，日本人被赶出了缅甸，其本土的大城市也几乎每天都遭到轰炸，损失惨重，尽管如此，日本人仍在继续顽抗。8 月 6 日，美国的原子弹投在了广岛，接着第二枚原子弹又落在了长崎……由于害怕美国人使用更多的原子弹，日本天皇于 8 月 14 日午夜颁诏下令停战。战争结束的喜讯一传开，无论是中国人还是欧洲人都高兴得在街头跳起舞来。当英美军舰排着队沿着黄浦江抛锚停泊时，万头攒动的人群更是近乎疯狂地欢迎盟军水兵。

战后短暂的繁荣生机使上海增色不少。美国大兵的到来恍若天堂派来了使者，一个个慷慨大度而又兴高采烈，整个虹口的氛围骤然大变，美国人与孩子们嬉笑玩耍，向他们赠送口香糖、巧克力和铅笔——多年来不敢企求的奢侈物品，成年人则津津乐道于受赠的香烟和羊毛毯。那阵子父母除了编制草包外，还忙于生产一种皮制的妇女专用小粉盒。上面绘有体现中国古代传说的精美图案，许多美国兵专程找上门来，为妻子和母亲买这种可爱的礼物。

我们终于自由了，可以自由自在地去任何想去的地方，再也不用任何通行证了。因我在学校成绩优良，母亲带我进城去玩并看了一场电影。可怜的我长那么大竟连电影都未看过，位于静安寺路上的豪华商店和跑马厅也令我兴奋不已。不过最使我感到新鲜有趣的，还是擦肩走过、长着瓷娃娃般面容的中国少女穿的美丽旗袍，和在马路上蹒跚而行的中国老太太裹着的"三寸金莲"。

一个偶然的机会，我就读的嘉道理学校的一位老师对我父亲说，我是一名聪明上进的学生，建议父母把我送进城里西摩路（今陕西北路）中学接受更高程度的文化教育。该校无论师资还是生源的要求都很严格，经过举家研究商量，父母决定送我去那里继续学业。在上海，学校普遍早上 8 点上课。鉴于新学校位于很远的城里，我每天得很早起床，步行很长一段路程，再搭乘公共汽车到校。我得学习诸如中文、拉丁文、数学以及其他很多科目，整个课程设置都排得满满的，据说那是为了保证一个像这样高标准教育机构的教学质量。尽管学习紧张，但我还是很喜欢这所学校，我在该校一直待到我们离开上海。

随着战争的结束，越来越多的难民前所未有地清醒认识到，上海只是他们栖息寄居之地而远非自己真正的家。正巧，父亲获悉了一位居住在澳洲墨尔本的老朋友的地址，于是写信请求其尽速帮我家办妥移民准许。

经过相当时间的辗转周折，终于传来了喜讯——移民准许证件寄到了！我们顿时成了朋友和邻居们羡慕的对象。但经过对澳洲地图的仔细研究并找到墨尔本的位置后，大家又变得沮丧起来。"这可是地球上最偏远的一个大城市啊，离开所有地方都是那么遥远。"母亲首先叹道。"哦！妈妈，澳大利亚是个人烟稀少的民主国家。澳大利亚人民是十分容易相处而又可爱的民族。他们拥有世界上最多的绵羊，此外还有袋鼠在街上到处跳跃。那里几乎总是晴空万里阳光灿烂，一定是个有趣的大陆。"我搜肠刮肚一股脑儿地把所有学到的有关澳洲的知识告诉了母亲。可这些信息都是笼统概括的，除此之外谁也不知道有关这个国家更详细的情况。后来一位澳大利亚政府代表抵达上海会见难民，获准移居澳洲的难民们经过一番刨根问底地提问之后，都带着对新生活的美好憧憬回了家。同时，美犹联合救济委员会代理人还设法包租到了一艘名为"华联"的海岸蒸汽轮船，将我们送往澳大利亚。

说实在的，在上海居留的日子并不都是令人愉快，然而我们毕竟在那里生活了七年半，有些习惯了那个我们曾经住过的"家"，对熟悉的人们已经深有感情，但我们却不得不再次收拾行装踏上新的人生旅程。我们憧憬着此番前往的是一个牛奶和蜂蜜的国土，说不准在那里的街道上随时都会发现黄金……

起程的日子来到了。我们在上海结识的人几乎都到码头为我们送行，那是个依依惜别令人伤心流泪的时刻。挤上"华联"号的除了难民外，还有苏俄人和中国人，途中又加入了一批澳大利亚士兵。1947年2月初，经过一路颠簸，父母、外公和我终于抵达了悉尼。

再见了，在我心灵留下深深烙印的上海！

拉贝与南京的生死缘

———

黄慧英

一

1996 年 12 月 12 日下午 2 时 30 分，美国纽约洲际大旅馆，纪念南京大屠杀受难同胞联合会正在举行记者招待会。会场上，无数摄像机和照相机都对准了一位德国女士。她，就是当年南京安全区国际委员会主席约翰·拉贝的外孙女——赖因哈特夫人。她向各国记者展示了她外祖父拉贝先生在南京大屠杀期间写的战时日记及资料，并宣布将这 2117 页日记及资料捐赠给耶鲁大学神学院图书馆。此时，正相当于中国时间 12 月 13 日凌晨，59 年前的这一时刻，南京城沦陷，旋即开始了举世震惊的南京大屠杀。

1937 年 11 月，上海失守。日军高举着血红的太阳旗，杀气腾腾地逼近南京，日机的轰炸也日甚一日，南京危在旦夕。

20 多位来自不同国度的西方人，如美国人、德国人、英国人、丹麦人，他们中有牧师、商人、教师和医生，不顾本国驻华使馆的劝阻，留在了这座炮声轰鸣的危城。11月底的一天，他们聚集在金陵大学校董会的客厅里，热烈地商议着：日军长驱直入，直逼南京，南京的陷落已不可避免，是否有可能筹建一个难民保护区。德国饶神父在上海沦陷时，就在租界成立了一个难民区，救助20多万无家可归者，他们也想仿效，并为这个拯救人类生命的组织起了一个全球性的名称：南京安全区国际委员会。一个50多岁的德国人被推举为安全区主席，他的名字叫John H. O. Rabe，译音为拉贝。

身穿咖啡色西服、戴着金丝眼镜的拉贝当即表示，他将以德国商人、纳粹党人的身份，向与德国结盟的日本人交涉，可望能取得较好的结果。

拉贝有一种威严而不失慈祥的风度。他生于1882年11月23日，1918年来华任德国柏林西门子公司（中国总行设于上海）北平及天津分行经理。1930年调南京任分行经理。在华30年的经历已使他基本融入这个陌生的文化环境中，他学会了一口地道的中国话，中国无疑是他心目中的第二故乡，他在生活上和生意上都得到善良的中国人民的厚待，他的儿孙都是在中国出生的。正义感和同情心促使他早在上海"八一三"抗战后，就积极参加了美国圣公会牧师约翰·马骥（John Magee）创设的国际红十字会南京委员会，为救济伤兵及上海方向涌来的难民，不遗余力。正是他的正义感、能力、对中国人民的热忱和德国人的身份，才使他成为安全区主席这一特殊角色。

国际委员会共有15人，加上马骥牧师为主席的"国际红十字会南京委员会"的成员，共22人，这是一支人数虽少，却热情洋溢、勇敢无畏的队伍。拉贝将和他们一起赤手空拳地同死亡、恐怖、野蛮打交道。

当时在南京最负盛名的英国新闻记者之一田伯烈目睹这一切后，怀着崇敬的心情写道：

"对于这二十几位大无畏的英雄来说，赞扬与褒奖从一开始就是当之无愧的。当他们的事迹被人们传开以后，这一点就可以看得更清楚了。他们不顾本国官员的劝阻，作出了留在南京的选择。而这座城市中成千上万的中外人士，都在寻找一切可能的交通工具逃往他处。虽然留在南京的人们并不可能预知后来发生的暴行，但这些先生与女士都是经验丰富、学识渊博的人，他们完全能意识到自身处境的危险。尽管如此，他们仍然下定了决心，一旦南京陷落，就去拯救那些处在水深火热之中的难民。他们的勇气、热情、无私和献身精神，必将为人们所崇敬"。

会议进展顺利，众人群策群力，很快就确定了难民区的位置：东至中山路；北至山西路；南至汉中路；西至西康路。这是一块只有 3.86 平方公里的狭长地区，位于南京市西北角，也是石头城中最幽静的地区。金陵大学（今南京大学）、金陵女子文理学院（今南京师范大学）、鼓楼医院，美国、德国、英国、日本大使馆及许多政府机构、高级公寓、私人洋楼都在安全区范围内。

地图很快画好了，决定托上海的饶神父转交日军。

二

空袭越来越频繁，大炮的呼啸声也越来越近。美丽的古都被炮弹和恐怖包围了，成千上万的人正在争先恐后地逃离。此时，拉贝和安全区国际委员会的成员们也正紧张地投入筹备工作。他们首先要与中日双方交涉，要求承认难民区的中立地位，不驻扎军队，不加轰炸，使留在南京的居民在最危急时，可以获得躲避的处所。

事情的进展似乎十分顺利。中国当局确认了难民区的位置。饶神父来信，上海的日军司令长官"知道了这件事"。并口头表示：倘难民区不驻扎军队或军事机关，则日军不故意加以袭击。

12 月 1 日，南京市长马超俊把难民区的行政职权交给了拉贝，同时派送 450 名警察，3 万担米，1 万担面粉，一些盐，并拨 10 万元钱。首都卫戍司令唐生智也表示合作，并拨交军粮存条两张，一为米 5 万石；一为面粉 10 万包。

宁海路 5 号前外交部部长张群华丽的公馆成了安全区的总办公处。浅灰色的大门口挂有一个很大的黑圈红十字的安全区徽章。

安全区分设了 18 个难民收容所。拉贝他们似乎早就意识到了，把金陵大学辟为妇女收容所，金陵女子文理学院则划为青年妇女收容所，专收 30 岁以下的年轻妇女。

三

12 月 12 日深夜，火光冲天，杀声震地。守城军队于炮声隆隆之下悲愤地撤退。日军的坦克和骑兵狂涛般刮过堆积如山的尸体。惊恐失措的难民几乎全部集于难民区内。未能及时撤退的中国士兵也纷纷涌往难民区，要求保护。国际委员会的委员们只好忙着解除他们的武装，表示缴枪后就可以保全性命。这些士兵扔下的枪支弹药和军装堆得马路上到处都是。国际委员会只好雇人掩埋枪支，焚烧军衣。

13 日下午，枪声渐稀，日军大队入城，拉贝高举印有安全区徽章的旗帜，带着秘书史密斯去同进城的日军交涉。在汉中路，他们与日军先头部队相遇了。拉贝拿出地图，向其解释难民区的位置。一个军官听完翻译的话，从军裤里掏出一张皱巴巴的军用地图，地图上没有标明安全区的范围。史密斯在上面用钢笔标出了安全区的位置。但日军却阻止拉贝再继续前行。

拉贝又说明了一个情况："刚才有一些解除了武装的中国兵进了安全区，我们希望贵军站在人道的立场上，拯救他们的性命。"日本军官表示可以放心。

拉贝却无法放心，14 日早晨，他又和史密斯把译成日文的公函交给日军长官。岂料在场的 5 人竟无一人肯接收，谓此事须与特务机关长负责人接洽。

15 日，一个日本军官带着四五个日本兵，来到国际委员会办公室，要求交出 6000 名解除了武装的中国兵。因难民们分散在各个收容所，日军一时也难以分清哪些是中国兵，美国人费吴生费尽口舌辩解了一个小时，想保护走投无路的中国士兵。日本军官却不高兴地走了。

拉贝、史密斯等三人又赶到新街口交通银行大厦日本特务机关长所在地交涉，负责人原田少将接见了拉贝，日本大使馆的福田参赞担任翻译，他说："关于难民区，入口将派兵驻守，难民区内可留置警察，除警棒外，不准携带武器。安全区委员会可享用存米 1 万担，并可将难民区外的存米运入等。""至于已被解除武装的中国兵，可以信托日军的仁慈态度。"

但事实证明，日军并不守信用，安全区内并不安全。

当天晚上，国际委员会的十几名委员在煤油灯下开会时，接到报告，日军到安全区抓人。拉贝急坏了，立即带着委员们赶去交涉。日军不理不睬。

日军在鼓楼附近的最高法院搜出了一屋子的枪。他们气势汹汹地闯进安全区，挨户搜查，1300 个男子，被认为貌似军人，用绳子绑着，100 人捆成一串，戴着帽子的，都被一个个抓出来扔到地下，其中有许多士兵。

拉贝气得脸色发白，日本人欺骗了他，才不过几个小时，就如此不顾国际信誉，他们亲口许诺的"信托""仁慈"的诺言竟同戏言！他觉得对不起这些中国人，他曾向中国士兵保证，放下武器就能保障生命。与其这样，不如让他们拼命到底啊！

16 日一早，金陵大学李格斯教授赶来报告，昨天夜里，金陵大学 100 多个妇女被劫走并遭强奸。法学院和最高法院的难民全部被抓走，50 个警察也被劫走，当时有日军官说："拖去枪毙！"李格斯提出抗议，反而被一个军官当胸揍了几拳。午后，又有志愿警 46 人被捕。

屠杀！强奸！抢劫！暴行在步步升级，不断被报告到国际委员会总部。

日军以搜查军人为名，每日都将十余卡车的人押向城外，进行屠杀，马路上尸横遍地。

妇女们不堪蹂躏，都避往金陵大学。日军在安全区外找不到妇女，恼羞成怒，每日用大卡车到女收容所强行将大批妇女载走，翌日送回。金陵大学当时已住满 7000 余人，仅仅几天工夫，被强奸的妇女已近半数。17 日这天，"被强奸的妇女至少有 1000 人，一个可怜的妇女被强奸了 37 次"。

宁海路 5 号宽敞的大厅内，彻夜亮着煤油灯。国际委员们在召开紧急会议，22 名外国人义愤填膺，决定联名上书抗议。第二天，拉贝带着 14 名代表将抗议信送到金陵大学对面的日本大使馆，要求日本大使馆转告日本军事当局，迅速采取有效行动，约束士兵，制止暴行，田中参赞答应转告军队。但情况并未见好转，暴行报告仍不断送到安全区总部。

五台山下的金陵女子文理学院，是绮丽得像皇宫、清幽得如同仙境的所在，城陷后，这里不再是弦歌诵习的福地，却成为妇女们的避难之处，但避难的妇女终究还是逃脱不了被强行抢走的命运。

沿中华门到下关江边，遍地大火，烈焰冲天，全市约三分之一的建筑物被烧成灰烬。

愤怒的拉贝不知怎样来排遣他的怒火，日军的兽性大发确实出乎他的预料。为了给后人留一份记录，他把每天的所见所闻记载于日记之中，他详尽地记录了集体屠杀、砍头、活埋、水淹、火烧、奸杀等500个惨案。马骥牧师和克里斯蒂安、克鲁茨等两名德国人则拍摄了日军的种种暴行影片。拉贝决定，他要向全世界揭露这种种兽行，为人类呼吁人道，伸张正义。

拉贝找来一个叫作袁存荣的大个子，问他："你是中国人，有件事叫你干，你敢不敢？"袁问什么事，拉贝说："古年岗有两个军用仓库，国民党走的时候丢下的，全是硝磺，你去炸掉它！否则给日本人拉去做子弹，要死掉多少中国人？"袁说："好！我去炸。"拉贝又问："怎么炸，你懂不懂？"袁大个摇摇头。拉贝教他先用褂子兜上硝磺，再用手在地上撒一条长线，然后点火柴。袁大个去了，照他教的办法，将一仓库硝磺炸掉了。

四

拉贝挑选了德国国社党党旗作为安全区国际委员会的旗帜，并不因为他是德国纳粹党人，而是出于一种策略。第二次世界大战中，德国和日本结为法西斯同盟，盟国对盟国，事情总要好办些。因此，就出现了中国历史上空前绝后的一幕，世界上最恐怖、声名狼藉的标记"卐"和天底下最慈善、有口皆碑的标记"卍"，竟然同处一地。国际委员会宫殿式的屋顶上，插了一面黑"卐"字白圈红底色的德国法西斯纳粹党党旗，国际委员会斜对面的二层青砖楼顶上，飘动的是世界红十字会南京分会的红底"卍"字会旗，它们共同担当拯救南京市民的重任。

用德国纳粹党"卐"标记对付兽性的日本兵，果然屡试不爽，有意想不到的效力。于是拉贝和另外两个德国人，成了日本兵最奈何不得的人物。那些强奸妇女的士兵，一见到德国人，就连声惊呼"德意志！德意志！"悻悻而去。

拉贝租住的广州路小粉桥1号的宅院里，也收容了几百个妇女和老人，他负责供给衣食。日本兵也多次偷偷爬墙而入，拉贝则利用纳粹党标记来对付这些强盗。

12月17日，拉贝不在家，约有15个日军士兵闯入他的住宅，有几个攀墙而入，刺刀出鞘，抢劫了拉贝助理员身上的钱币和几种文件。事后，拉贝开具失单，向日军永井少佐提出抗议，永井被迫写了一幅布告，贴在拉贝的大门上，禁止日本兵擅自闯入。但只要拉贝一出去，日本兵即溜进来为非作歹。一天下午6时，拉贝出门归来，见有两个日本兵闯入，其中一个正解衣准备强奸一个姑娘，拉贝大声斥责，两个日本兵才越墙而去。

12月19日下午6时许，六个日本兵又攀越拉贝住宅的花园围墙。拉贝用手电筒照着一个日本兵，此兵举枪做射击状，又觉伤害一个德国人后果不会太妙，于是要求拉贝打开大门让他们出去。拉贝断然拒绝，叫他们仍从墙上爬出去。有的日本兵不愿意再爬墙，拉贝指指自己胸前的那枚国社党勋章，质问日本兵是否明白这枚勋章的含义。这枚黑白图案的勋章在日本是至高无上的，日本兵只好乖乖地爬墙出去。档案记载上的这件事情还可以从现年81岁的丁永庆老人的回忆中得到验证。

12 月 20 日，拉贝开车到安全区总办公处去，一个日本兵横加阻拦，拉贝大声斥责，叫他尊重汽车上的德国国旗和胸前所佩国社党党徽。

作为安全区的最高长官，拉贝面对的困难像千万座大山。除了要防止日军的恣意侵扰和屠杀外，难民区的衣食药品也是个大难题。总面积只有 3.85 平方公里的难民区，拥挤着近 30 万难民，每幢房子里，人们都像沙丁鱼罐头挤得水泄不通，晚上也只能一个挨一个勉强躺下，所有的空地都搭满了芦苇棚子。时值寒冬，粮食、煤炭、水、药品，少了哪一样，30 万人都将难以生存下去。

日军占领南京后，封存了城内所有的米和煤，到 1938 年 1 月初，国际委员会的存粮已十分有限。经交涉，日军军需处石田少佐答应国际委员会购买米 3000 袋，面粉 5000 袋，煤 600 吨。10 日早晨，国际委员会会计克鲁茨带着五辆卡车前往提货，石田少佐又不认账了，称米、煤、面粉一概不能出让。

拉贝大怒，致函日本大使馆参赞福田，责问日军为何出尔反尔。拉贝又分别通过英、美、德等国使馆出面，给日军施加压力。南京红十字会主席约翰·马骥也是国际委员会的成员，他是美国总统罗斯福的童年好友，他们利用种种关系和国际舆论，迫使日军同意让近 30 万难民每天能购米 1000 袋。

1 月 17 日，拉贝又致函福田参赞，提出三项要求：一是由"南京自治委员会"迅速发售米、煤、面粉；二是允许国际委员会从上海商业储蓄银行运米 3000 袋，麦 9000 袋；三是准许国际委员会由上海装运食品 600 吨。

拉贝又向英、美使馆求援，为难民募得捐款购买粮食、医药用品。日本当局竟厚颜无耻地要没收捐款给日伪机关支配，拉贝坚决予以拒绝。

南京沦陷之初最危急的两个多月内，总计受拉贝和国际委员会救济的难民达 25 万人，妇女受庇护幸免日军蹂躏的有数万人。为表彰他对南京难民的救助，抗战胜利后，当时的中国政府颁给他一枚系有蓝白红绶带的采玉勋章。

五

1938 年 2 月 22 日，拉贝奉西门子公司之命离开南京，乘英舰前往上海，至 4 月底返回德国。

拉贝回国后，在西门子总厂任远东人事部长。在 5 月 2 日至 25 日的 20 多天中，他连续作了五场演讲，向人们展示有关证据，揭露日军在南京的暴行，让德国公众了解南京发生的一切，以期引起国际舆论对这种罪恶行径的谴责。

6 月 8 日，拉贝寄给希特勒本人一份揭露日军暴行的报告。报告共 260 页，介绍了他留守南京的原因，南京国际安全委员会成立的经过及其主要工作。其中附件 259 页，为拉贝 1937 年 12 月 9 日至 1938 年 2 月 22 日离开南京期间的部分日记，国际红十字会南京分会主席约翰·马骧拍摄的 58 张、国际红十字会会计克鲁茨拍摄的 22 张日军暴行照片，每张照片都有拍摄时间、地点和拍摄对象的详细说明，客观地记录了日军在南京犯下的惨无人道的暴行。拉贝在两组照片前写道："下面展示的这些照片，只是 1937 年 12 月 13 日日军占领南京后所发生的无数事件中的极小部分。而拍摄这些照片的目的，并非是要去煽动人们对日本进行报复，而只是希望让所有的人，包括日本人对这场战争的可怕后果有所了解，并敦请他们利用一切法律手段终止这场由日本军队挑起的争端。"

拉贝此举，显然是希望希特勒能够出面阻止日军的暴行，并引起希特勒的警觉。这使犯下类似暴行的德国法西斯感到难堪。几天后，拉贝遭秘密警察逮捕，他的六本日记和有关照片也被搜走。经西门子公司出面担保，三天后拉贝被释放。但被强令保持沉默，不得再举办报告会、出版书籍，特别是不允许展示日军在南京暴行的照片。1938 年 10 月，拉贝取回了被搜走的日记，但部分照片被没收了。拉贝愤怒之下，勇敢地提出退出纳粹党，遭到拒绝。

六

1943 年 11 月，拉贝在柏林的住宅在大轰炸中被炸毁。1945 年 5 月，柏林为盟军攻占后，拉贝的生活变得相当凄惨。他因曾是南京纳粹党小组的负责人，而被逮捕起诉，后因他在中国从事的人道工作而获释。英国占领军"非纳粹化委员会"出具了一份证明，证明他在南京建立安全区，主持国际委员会的工作，拯救了许多中国人的生命，因此不应被追究责任。

抗日战争胜利后，中国政府曾邀请拉贝前往东京远东国际军事法庭，为审讯日本战犯出庭做证。因其身份特殊，未能参加。

这时拉贝已 63 岁，还患有皮肤病。全家六口人，生活无任何来源，衣食均无着落。拉贝在英保险公司的人寿保险因战争遭到了损失，原西门子公司的养老金也无指望，只能靠收集野菜做成面糊汤度日。

当年国际委员会的几位美国人，金陵大学的史密斯教授、裴志博士，美国长老会的密尔顿牧师，鼓楼医院的德利谟医生，在南京得知拉贝的遭遇，十分同情，除在经济上援助外，曾设法使其返华居住，终未成功。

中国人民也从未忘记这位善良、正直的德国老人。1948 年初，获知拉贝老人生活窘困，南京市参议会成立了救助拉贝劝募委员会。向银行、钱业、大商店及地方慈善机关和当年受救济保护的市民劝募，在全市引起极大反响。当年受拉贝庇护免遭凌辱的妇女，枪口下得以生还的男子，得到米粥救济免遭饿毙的老人，得知拉贝的境况，无不热泪盈眶，处于战乱中的他们尽管生活艰难，但还是尽自己所能，纷纷解囊相助，不几日便募得 1 亿元。经特别批准，购买 2000 美元，辗转汇至德国援助拉贝。

战后的德国，物资极度匮乏，有钱也买不到食物。1948 年 3 月，南京市长沈怡急速在瑞士购买奶粉、香肠、茶叶、咖啡、牛肉、奶油、果酱等食品打成四大包寄给拉贝。表达了南京市民对这位老人的由衷的感激。

拉贝接信后，老泪纵横。6 月 18 日，沈怡接到拉贝复信。信中说，包裹已运抵法兰克福，只等得到法城柏林之间的包裹许可证，就可收到。又说："我们只有收集野菜野果，为孩子们加汤。而我们大人只靠干面包与汤糊度日，最近连面包亦难以得到了。至于马铃薯与我们早已绝缘了。我作为一家之长，处于此种艰难之境，您一定能想象到，获得食物包裹对于本人具有何等重大意义！"

6 月 22 日，沈怡又接到拉贝的信，说包裹已收到，全家"均感无限快慰"，孩子们分到自己的一份食物时，无不欢呼雀跃。其欣慰感激之情溢于字里行间。南京人民的友好支援使拉贝重新树立起生活的信心。

沈怡接信后，感到拉贝当年对全市市民的恩惠很深，如今年近古稀，全家不得温饱，决定从 6 月起，按月给他寄赠食物一包。南京人民曾想方设法让拉贝来中国安度晚年，但终未能如愿。

1950 年，拉贝患中风在柏林去世。

拉贝先生的日记公开后，已成为回击日本军国主义的有力武器。他在南京的住宅已经考证确认。1997 年 3 月 28 日，星期五，中央电视台

《焦点访谈》播出《拉贝寻访》节目后，反响强烈。笔者同一天在《扬子晚报》撰文介绍了拉贝在宁住宅被发现的经过。德中友协的沈群先生正好在宁洽谈德国投资项目，回程飞机票是星期天中午，他费尽周折，才打通了我家中的电话，并表示回德国后要促使德国政府作出反应。首先要做的工作就是要把拉贝住宅辟为纪念馆。

被誉为"辛德勒"的拉贝，还将走向荧屏和银幕。笔者和南京电影制片厂编导侯青莲合作，把拉贝的事迹改编为 8 集电视连续剧《南京的辛德勒》。待电视剧完成后，还将套拍成电影，它们将再现拉贝和难民们赤手空拳地与侵华日军进行的一场正义和邪恶的较量。

4 月 3 日，拉贝的墓碑已从德国运抵南京，10 日，江苏新闻出版局赴德，购买了《拉贝日记》的中文版权，约 15 千克的《拉贝日记》共有 8 卷 10 本，2460 余页，正由南京大学德语系组织翻译。

中国人民和世界人民永远不会忘记这位中国的"辛德勒"。

生命线、飞虎队与零式战机

——一个德国工程师的滇缅任务

格哈特·纽曼 著　孙立良 译

滞留香港

我的家乡远在德国勃兰登堡的法兰克福。1933 年我 15 岁时决心要当工程师，想发明一样东西，看着它造出来并得到应用。在我进入一所德国工程学院以前，我父亲安排我当了三年学技工的艺徒。通过一系列由职业行会组织的考试我获得了熟练工人合格证，并进入了米特魏达技术学校——德国最古老的工程技术学院之一。

1938 年年底以前的几个星期，学校公告牌上出现了一张打印的布告，上面说中国蒋介石总司令的国民政府正在招收德国机械师，有意去的人，可以同驻柏林的中国大使馆联系。那上面还说中德双方已经达成协议允许受雇的人缓服兵役。告示上没有说具体干什么工作，然而地点显然是在中国内陆，而且与国防有关。到遥远的中国去工作，这听起来确实令人激动。

在 1938 年圣诞节到 1939 年元旦期间我去了柏林的中国大使馆，在那里第一次同中国人见了面，了解到那份告示的大致情况。受雇的条件很吸引人：工资待遇从优，一半付德国马克一半付美元，还包括乘飞机去香港的一切费用。一到香港就可以向中转站报到，进一步接受分配。

我怀着激动的心情填写了签证申请表。除了去过一次自由城但泽我以前还从未离开过德国，想到要乘飞机越过半个世界，上床后我久久不能入眠。

1939年4月我终于做好了出发的准备。我的护照上有15个国家和地区的过境签证，它们是比利时、英国、法国、法属突尼斯、意属的黎波里塔尼亚、埃及、法属黎巴嫩、法属叙利亚、伊拉克、伊朗、英属印度、英属缅甸、暹罗、法属印尼和英属香港。护照上还有中国的入境签证。

我在一架新的D－338飞机上订了一个座。那是一架按法国航空公司的规范要求设计的，用来为它的远东航线服务的三引擎飞机。这条航线上的飞机每星期三吃过午饭从巴黎附近的希尔歇机场起飞，八天以后到达香港启德机场，每天保持500—1600英里的旅程。由于飞机航程的限制，大多数日子的旅程都分三段。整个旅途中除了规定的周日以外飞机只在加油时才起落。

到了香港以后，我乘出租车去半岛饭店，向服务台打听负责安排我去中国内地的中转站的地址。城里的电话总机告诉门房，接中转站的电话线在十天前已经中断了，没有留下转移的地点。我不知该怎么办才好，心里有点担心，就把身边剩下的一点英镑兑换成了港元。在找到中转站以前我还得找个工作。

远东汽车飞机有限公司就在半岛饭店旁边一条街的对面，总经理克劳德·怀特是个白头发的高个子，大约50多岁。听了我说的情况后怀特告诉我，他为我搞一张工作证并不困难，其有效期可以到我离开香港去中国的任何时候，条件是到他的汽车修理厂去工作，工资很低。

傍晚我找到了一间备有家具的房间。房间里热得要命，又没有风扇，好在有张床，而且这地方离远东汽车公司不远，走过去就行了。怀特借给我一些港元买了几件便宜的衣服——其质地比我从德国带来的衣服差多了。

到第二个月的月底我挣到了足够的钱，把怀特借给我的钱还了，而且搬到了一个较好的住处，也不用再一天三顿靠香蕉来填肚子了。

香港这地方对我来说就像天堂一样。我特别喜欢观赏这个充满生机的港口的景色。这里挤满了各式各样的船只，有许许多多挂着棕褐色或紫红色高大篷帆的帆船，有带发动机的水上游艇，有世界各国的货船，还有来港的军舰。香港的夜色令人陶醉，每天傍晚，当太阳刚刚落下山峦，那些无人居住的岩石小岛、蓝色的天空渐渐暗下来的时候，夜幕中就会出现各种各样的颜色，像彩虹一样美丽。

正当我的生活开始走向正轨的时候，欧洲的战争迹象已越来越明显。香港的《南华早报》以大字标题报道：德苏之间出人意料地签订了为期十年的互不侵犯条约——提醒全世界对第二次世界大战的爆发作好准备。

1939年9月3日当地时间上午11点，英国政府对德国宣战。当天晚上，一个英国移民局的官员在一个英国军官和两个带枪的印度警察的陪同下敲开了我的门，他客气地说要看看我的旅行护照和军用护照。然后我就被他们赶上一辆汽车带到了九龙的警察总部。在我之前已有25个德国侨民被他们抓到这里，以后每小时都有人被送进来。半夜过后我们一共有90人，都是男的，一起被赶上汽车转送到九龙的拉萨尔学院。在泛光灯下我们看见一些中国人正在往地里打桩，把这所学院用带刺的铁丝网围起来。

我们在那里被囚禁了几个星期，后来他们要腾出这个地方让学生们再住回去，就放我们出来了。但我们的活动仍受到限制，白天到工作的地方去，晚上8点以后回家，成了名副其实的半囚犯。他们给我们每人发了一张粉红色的身份证，上面有自己的照片和手印，并标明"敌侨"二字，还规定我们每星期五下午到附近的警察所去报到。这样，怀特倒感到很满意，因为我又可以为他工作了。

1940年6月底的一天，一个官员走进我工作的车间交给我一封信，信上写道："向你祝贺。香港总督阁下要你马上回到拉萨尔学院并且在半夜以后48小时内离开王国政府殖民地……"

1940年6月27日（这时法国刚刚向德国投降，英国军队也在敦刻尔克被德军击溃），在英国的殖民地香港，一个英国士兵端着上了刺刀的步枪押着我在街上走。从那天上午9点他就一直跟在我身后，像前一天一样，只保持着三步的距离。

在回到拘留德国侨民的围着带刺铁丝网的九龙拉萨尔学院以前我还要作最后一次努力，再去找一找外国驻港机构的代表。我已经去过七处，都没有成功。两天前拘留营的英军指挥官通知我们这些"敌侨"，可以到还没有与希特勒交战的国家去，但必须在48小时内弄到入境许可证。

总督大人要求我们在第二天半夜以前离开香港，要不然就把我们送到孟加拉湾锡兰岛的战时拘留营去。这听起来相当大方，但对我们来说却是不现实的。我们的旅行护照和军用护照都捏在英国人手里，要离开香港几乎没有成功的希望。最后我找到中华航空公司驻港办事处，但一点也不知道怎样才能成功。

凑巧，中华航空公司的副总经理兰霍恩·邦德接见了我，他了解到我的困境，叫我再去找他。当我第二次找到他时他对我说："我能让你出去。我已雇你在中华航空公司工作,可以不带护照去中国。今天夜里乘飞机到重庆,然后再去昆明。原美国空军的陈纳德上尉现在在中国空军工作,你到昆明后就去找他,要不然华航会把你解雇,因为我们航线上没有事给你做。我只想帮你离开这里,以后就由你自己了。再见,祝你走运!"

要不是在华航公司办事处遇到邦德,我就被送到锡兰的拘留营去了。我能在没有任何证件的情况下离开香港,这真是一个奇迹,临走时我得意地对卫兵说:"告诉你的上司,他们再也不用为纽曼操心了,现在需要他们做的就是在今晚 11 点钟以前送我到启德机场。"

滇缅路上

一走下飞机我就爱上了昆明这地方。这座海拔 6000 英尺的城市地处中国西南山区最偏远的角落,是云南省的省会,在未被敌人占领的中国具有重要的战略地位。

第二天一早我就到机场去找航空训练指挥官陈纳德。陈纳德看了我在德国的履历后,对我谈了他对中国政府在今后几年中所面临的问题的看法。他说中国将会同外界失去联系,一切外援都可能被切断,因此正在建一条生命线,就是滇缅公路。这是一条狭窄的交通干线,地势险恶,弯弯曲曲地绕过许多山谷,经过好几座破桥通到中缅边境的畹町村,沿途 590 里连一个服务站也没有。

陈纳德劝我去找滇缅公路汽车修理厂的经理,并对我说要是愿意帮助中国搞陆上交通现在就更能发挥我的作用。当时他给昆明中央银行总经理写了一张条子,那个总经理就把在城外半英里处新建的银行模范村的最后一所西式住宅分给了我。在昆明城外的汽车厂有 20 辆柴油机卡车正准备上滇缅公路作首次运行。经理问我:"你愿意负责护送 20 辆卡车到缅甸边境去吗?"这些卡车将装上锡和钨,把它们送到边境经缅甸首都仰光,再用船运往美国。车队回来时还要装上一桶桶航空燃料、一箱箱机枪弹药和 500 磅航空炸弹。经理希望我回来时把我在路上发现的情况向滇缅公路管理委员会作适当的介绍。我感到这项任务很有意义就接受下来了。除我以外,同去的驾驶员都是中国人。

车队出发前一星期,突然响起了空袭警报,空袭过后我走到城里,那情景吓得我毛骨悚然。市中心到处是尸体和伤员,死者的家人跪在尸体边上又哭又叫,着火的木板房还在燃烧。

那时除了星期天以外,昆明几乎天天在上午 10 点受到飞机的袭击。据后来被俘获的一个日本飞行员供认,他们把昆明当做投弹训练的目标,每天派出 27 架双引擎飞机,九架一组构成三个 V 字形编队,每架飞机扔下五枚炸弹。

经过三个星期的检修和装载,我那个由 20 辆卡车组成的车队向缅甸边境出发了。那地区几乎天天下小雨,雨水同地面上的红黏土混在一起,使道路变得泥泞不堪,车子常有滑坡的危险。一旦超载的卡车开始滑坡,司机没有办法把车刹住就会连人带车一起翻下悬崖。因此在出发前车上的门、窗以及驾驶室前的挡风玻璃都被拆了下来,以便在万一不得不弃车时人有个出口。

一路上常常有从旁边高山的陡坡上滚下来的石块,我们还得停下来去把它们搬开,因此,车队平均每小时只能前进 5—10 英里。因路途艰险,车辆的损失在所难免,管理部门估计每出动一次 20 辆车的车队就要损失一辆汽车。

那些中国驾驶员个个足智多谋、乐于助人,遇到"没法"解决的问题时,他们总能拿出切实可行的办法来。有一次,一辆汽车的发动机出故障,里面的一根主轴上的软金属轴衬坏了,整个车队在路上停了一天。我躺在烂泥地上，在卸下油盘的马达底下弄了好几个小时都没修好。正感到为难时，他们当中有人提出把他的毡帽一条条剪开，然后用这些毡条裹在曲轴上当轴衬。这样，吸油的毡条起了作用，巧妙地解决了问题。

在离开昆明九天以后我们到达了边界小镇畹町，路上由于滑坡损失了一辆车，好在这辆车上的行车人员幸免于难。在回来的路上我们没有损失。回到昆明时我浑身脏得要命，胡子也有好长时间没有刮了，但我心里感到很高兴，因为这是一次很不平凡的经历。

第二天我把路上的情况向汽车管理部门和滇缅公路管理委员会作了汇报。这时外面开来了一辆崭新的黑色轿车，司机过来向我作了自我介绍，说他是印度支那的法国总领事。他告诉我，他这辆车由火车从河内运来以后一直有毛病，问我是不是愿意帮他检查一下，把车子的发动机调试好。

这里的汽车修理厂又脏又乱，不适合修理这样高级的轿车。我就因陋就简，在我模范村住宅旁边的泥墙上开了一个洞，让轿车开到我那一小块种番茄的地里。在这种地方修车确实很不符合现代要求，但当时正在进行战争，有什么办法呢。

轿车被我修好了，引擎发出的震颤声完全正常。不久以后我的门前就来了许多小汽车，由于昆明几乎每天遭到空袭，到我这里来的车越来越多。那些车主要想弄清楚他们的车是否安全可靠，以便能在每天上午10点空袭开始以前把他们的家属及时送到城外。我的邻居鲍勃·安格尔是华航的飞行员，他看到停在我们门前的汽车很多，一直排到路上，表示愿意同我合伙，帮我去搞些必需的零件，用飞机从仰光带回来。我接受了他的建议并向汽车修理厂打了招呼。

我们在住宅的附近租了一块空地，请人搭了一个草棚容得下12辆汽车在里面避受日晒雨淋，还请人在地上挖了几个坑使我在车子底下工作起来更方便。两星期以后我打出"信用汽车维修站"的牌子，生意变得十分兴隆。在三个月以内我接待了许多各式各样的顾客，他们当中不仅有外交使团的人员，而且还有国际红十字会、英国公谊会野战救护队以及昆明的许多中国要员。

身手不凡

因为缺乏专门的工具，修起车来常常很困难。然而我雇来的二十几个技术工人个个都很高明，他们的操作技术令西方专家感到吃惊。英国总领事有一辆 1937 年出的福特汽车，车子前头的片弹簧断了一片，如果不做一片新的换上去，车子就不能继续使用。这种扁扁的弹簧片长三英尺、宽二英寸、厚 1/4 英寸，具有弹性，能减震，造起来可不容易，而在昆明我们能买到的原料只是一些长长的圆钢条。

我找来一个姓孔的铁匠。他把自己打铁的工具带到了我这里——铁砧、大锤、一只用 55 加仑的空桶改装的碳火炉和风箱。这风箱是用一段空心的树干做的，里面有活塞，当风门用的是一只带羽毛的鸡翅膀。孔铁匠身高六英尺、骨瘦如柴。他的妻子跟他来当助手，她又矮又胖，怀里老抱着她那几个月大的孩子。

孔铁匠把几段圆钢条烧得炽热，喊他妻子放下孩子去帮忙。她只好把孩子放在泥地上让他靠着土墙，自己抓起一把 15 磅重的大锤，甩起膀子用惊人的力量朝铁砧上炽热的钢条猛砸。这钢条由她丈夫用火钳夹着放在铁砧上，她只管挥动手臂，使沉重的铁锤在空间绕着圈子往下砸（在德国从来不这样干，因为这种动作会产生离心力，太危险了）。孔铁匠夫妇就这样反复干了两天，终于把圆钢条打成了扁平的弹簧片，他们的功夫真使人目瞪口呆。

最后，到了关键的一步，要把弹簧片回火使它具有适当的韧度——既坚硬又有弹性——不致由于脆而再次断裂。我说："没有热处理设备是不行的。"但是孔铁匠却早已做好了准备。他在修理间的墙角放了一只狭长的木盆，叫我们这里所有的雇工都把小便解在里面，几个星期下来已积起了半盆尿水。到了"关键时刻"，孔铁匠把炽热的弹簧片浸入这尿水中，这时盆里产生出一阵蒸气，他马上把弹簧片取出，过一会儿，看到那钢片的颜色有点发黑了，再把它慢慢放入那液体，先放下去一点点，然后全部浸进去。我摇摇头对此表示怀疑，想不到两年以后那辆福特汽车以及它前头的片弹簧还在很好地发挥作用，那个英国总领事为此感到非常高兴。

一天下午，我的车库门前来了一辆黄包车。一位衣着考究的先生代表云南省民政厅厅长李楚侯来邀请我去检查一下他的汽车——一辆崭新的 1940 年出的别克（Buick Century），几天前才从仰光码头经滇缅公路运来。那人说："这辆新车有很大毛病，引擎发出的声音糟透了，我们长官感到很惋惜。他怕坐在里面不安全，愿意出优厚的报酬请您去检查一下。"我答应第二天上午去看看那辆车。

第二天一早，他们派了那大人物坐的黄包车来接我。我穿上蓝工作服，把一只盛工具的竹篮子放在大腿上，坐着黄包车到了那长官的官邸。沿着铺设的车道有一排汽车库，在车库的最后一间停着那辆有毛病的别克牌（Buick）轿车。在这辆车的前面还有一辆绿色的流线型四座敞篷 Peugeot，1939 年的产品，里面有绿色的皮装饰，漂亮极了。

李和他的车队长正在他那中国式的官邸门前等候我。我们互相致意以后，我建议试一试车。李上了汽车，坐在后座，我坐到司机旁边。汽车穿过市区只开了一英里我就发现了问题，叫司机把车停了下来。原来那可怕的响声是由双重因素造成的。一方面，当汽车进入街上行动缓慢的人群或是跟在慢吞吞的水牛和猪的后面缓缓行驶时，司机没有把排挡调低，因此汽车的引擎只好增加负荷；另一方面，车上的点火定时装置不适合于使用在中国储存了好几年的辛烷值含量过低的低质汽油。

我没有批评司机的驾驶技术而使他丢面子，只把车修好就算了。我大大地放慢了点火时间，仅仅松开一只螺丝，转动分电器调迟点火时间，再把螺丝拧紧，问题即刻得到解决，别克开起来再也没有引擎爆震声了。

你该看看李的脸色，别提有多高兴了。回到他的官邸，李便执意要把那绿色的 Peugeot 敞篷车赠送给我，以表示他对我的感谢。我不接受，但没用。这还不算，我离开时门房又递给我一只牛皮纸信封，里面是崭新的三张 100 元的美钞。我感到很自豪，开着我拥有的第一辆汽车回到了模范村。

参加飞虎队

在昆明我和陈纳德是邻居。一个冬天的早上，太阳刚刚升起，陈纳德正要上他那辆旧的福特牌汽车时，我刚从家里出来到车库去。他叫住了我，问道："你听说日本空袭珍珠港美国舰队的消息了吗？"当时我还不知道珍珠港在什么地方。他把 12 月 7 日星期六早上在夏威夷发生的情况简单地告诉了我，同时证实了一个公开的秘密：在缅甸的三个美国P－40 驱逐机中队要调一个来中国，几天以后这些飞机将由美国人驾驶飞到昆明，交给陈纳德指挥。

陈纳德问我是否愿意结束汽车修理业务去参加他的部队。他手下的人原来都是海军陆战队的飞行员和机械师。由于他们愿意按照美国秘密军事行动计划去和中国空军协同作战，提前解除了同美国政府签订的为期六年的正式契约。三个飞行中队的美国人都是志愿者，从 1941 年年中开始一直在仰光北面按陈纳德上校制定的教规在受集训。当时他们要驾驶的 P－40 "战斧" 飞机还在缅甸由中枢飞机制造公司负责进行装配。他们这 252 人加上两名护士组成了第一支 "中国空军美国志愿航空队"，简称 AVG。

我当场就下定了决心，对陈纳德说："好的，我愿意参加你们的志愿航空队。"我把"信用汽车维修站"移交给二个月前来入伙的一个德国难民，搬到了"第一招待所"，同最先来中国的两组美国军事人员住在一起。

我所在的分队大约有 50 人，他们全是在珍珠港事件六个月前就假借旅游的名义离开美国来缅滇的志愿人员。这些人给我起了个诨名叫赫曼（Herman），因此在战争期间人们一直叫我"德国人赫曼"。

1941 年 12 月美国人参加了保卫昆明的战斗。有美国飞机在昆明上空担任警戒使日本人很惊慌，空袭的次数明显减少，因此使昆明市里居民的生活状况大为好转。在昆明上空的第一次遭遇战中日本的十架轰炸机由于没有战斗机护航全部被击落。五天以后，日机再一次袭击昆明时又受到重大损失。此后至少有一年时间日本飞机没敢再来袭击昆明。

在 1942 年 3 月日本陆军占领仰光以前美国志愿航空队的第三个飞行中队也从仰光转移到了中国，被分派到东部和南部前线。这时候由于敌人的军事行动和事故，航空队已经损失了一些人员和飞机。由于战线长，各个飞行中队经常被调来调去，从一个基地到另一个基地，用来阻挡日军的进攻，使他们不敢在这些地区为所欲为。我们的飞机在机头螺旋桨的罩壳下面都有鲨鱼牙齿的图案。部队的徽记是沃尔特·迪斯尼创造的，那是一只虎，身上有两只蓝色的小翅膀，正在跃过一个代表胜利的大字母 V，因此人们称之为"飞虎队"。AVG 以较小的损失（1∶7）打下了敌人的很多飞机。在 1942 年最初的几个月里盟国损失惨重，十分需要拿他们的事迹来鼓舞人心。

日本人很快就明白，他们有了强大的对手，空战不再是他们单方面的袭击了。此后，他们来袭击我们基地的时候，总是纠集大量飞机以数量上的优势来对付我们。自从1941年12月在昆明上空遭到失败以后，日本轰炸机白天来袭击美国空军基地的时候再也不敢放松戒备，他们总是由零式战斗机来护航。同性能较差的轰炸机相比，零式战斗机相当先进，它前头有两挺机枪，机翼上还装着两门20毫米的机关炮。

到1942年，日本空军已经对飞虎队感到敬畏，把它尊称为"光荣的敌人"。有一天，日军单独派一架飞机在桂林机场上空撒下一些传单。传单上写道："我们——帝国军队的飞行员向你们——飞虎队的飞行员提出挑战。定于6月28日下午3点在桂林上空双方进行一场公开竞强的决斗。"我们所有的人都怀疑这是日本人的诡计或圈套，只有陈纳德不这样看，他非常了解日本人，决定接受他们的挑战。桂林原来有一个飞行中队，陈纳德又从另一个基地调来一个中队加入他们的行动。6月28日这一天，他先派四架P-40战斗机朝西南方向飞上高空，命令他们尽可能升到最大高度，在那里盘旋，到约定时间前10分钟保持背着太阳的方向。其余26架P-40也做好了出动的准备，开着引擎，在跑道上待命。

下午2点45分，陈纳德向待命的飞机下达了出发的命令。就在3点快到的时候，空中传来了零式战斗机特有的嗡嗡声。地面无线电台向高空的四架飞机发出警报：60架日本挑战飞机正在逼近。警报发出仅一分钟我们的24架P-40已经上了天并以最大的速度向高空爬升。

正在高空盘旋的四架飞机从阳光里钻出来，突然扑向零式机群，用速射机枪向敌机猛扫。前面的六架零式机被阳光照花了眼，还没看到它们的对手就开始冒烟了，有的落地，有的在空中炸毁。日本战斗机在数量上占压倒优势，我们就居高临下，先下手为强，打它个措手不及。陈纳德命令我们的 P－40 飞机不要让敌人把我们逼入困境，不要同敌人硬拼，一旦发生混战就赶快冲出战场，不要为此而感到羞愧。10 分钟过后，敌我双方的燃料越来越少，敌人撤退了。在这场决斗中他们丢掉了14 架飞机和机上的飞行员。我们自己也有四人被迫跳伞，但没有一人失踪，也没有人受伤。

1942 年 5 月，有消息说美国志愿航空队不久就要被解散，由正规空军部队来接管。陈纳德被动员重新加入了在中国的美国空军部队。罗斯福总统马上连升他四级，把他提为空军准将，陈纳德接受了这一任命。陈纳德事先没有告诉我，就征得了陆军部长亨利·史汀生的同意，在美国志愿航空队解散时，让我参加美国空军部队，1942 年 7 月 4 日晚上，在桂林兵营军医金特里博士昏暗的房间里，我宣誓参加美军，任空军参谋军士。那时我还是一个德国公民。

在美国空军部队，我开始担任第76 战斗机中队的总技师，这个中队是组成第23 航空大队的三个中队之一。第23 航空大队包括39 名军官和原来飞虎队的人。

日本人一到达滇缅公路西端就封锁了这条运输线。1942 年，中国同外界的陆上交通被切断，货物只有从东印度的阿萨姆越过喜马拉雅山脉空运过来。喜马拉雅山常年积雪，有些飞机从阿萨姆起飞后就再也找不到了。

零式飞机

1942 年 10 月的一天，在昆明我们飞行中队的飞机库附近，我正同一队新来的美国兵站在一架 P－40 的机翼上，身材高大的布鲁斯·K.霍洛韦中校（战后他成为美国空军副司令，四星上将，战略空军司令部的总指挥）大步流星地来到这架战斗机边上，他喊道："赫曼，老头子要你马上去一次。"

到了陈纳德将军那里，他对我说："纽曼，我们弄来了一架相当好的零式飞机，是一些中国农民在海南岛对面日本占领区的海滩上从日本人手里夺来的。他们把它拆开后拖到内地来了。现在这架飞机可能损坏得很厉害，可能丢了一些零件。在过去九个月中我们打下的许多零式飞机的残骸里一定有不少有用的零件。这里有一张标明这些飞机残骸位置的示意图，想办法找些零件，装起一架零式飞机，用它来同我们自己的飞机作对比测试，你看怎么样？对美国来说装好一架那种该死的飞机极为重要。我相信只有你才能完成这个任务。"

他的话使我受宠若惊，我兴奋得不知说什么才好，只答道："谢谢您，长官，我一定完成任务。"

陈纳德递给我一张证件，上面有中、英两种文字，还有我的照片和他的签名，只要我用拇指按上手印就行了。凭这张证件我就有了最大的优先权，需要什么都可以优先得到满足，无论是运输工具还是别的条件。我有审问和拘留日本囚犯的权利，还可以得到中国当局的协助。

没有图纸和其他参考资料，第一次由美国人来装一架日本零式战斗机，这对任何一个工程师来说都是一种挑战。在存放零式飞机零件的地方大概有六名中国技工，他们正等着我去。这项工作相当保密，安排在一个丛林里进行，丛林旁边几英尺远是一个简易应急机场，离日本人的防线很近。这地方既没有库房也没有电力，干起活来只能用扳手、钳子、手钻、各种铆钉和头。另外还有一只炭火炉用来给那些扭曲的螺旋桨叶片加热把它们弄直。

我们用三只55加仑的空汽油桶把机身和机翼搁起来，然后开始安装零件。从别的零式飞机上拆下来的零件配不上去，可以看出这种飞机还没有大规模生产——这一事实给我们提供了一条重要情报。原来飞机上的轮胎被中国的农民割下来做了鞋底，我们装上去的是从一架老式的美国双翼飞机上拆下来的轮胎。用来遮盖零式飞机副翼、方向舵和升降舵的日本飞机蒙布被人拿去做了衣服，我们就用中国丝绸涂上几层油漆来代替。只花了两个月的时间我就用无线电密码向司令部报告了飞机可以飞行的消息。我们急于把它从日本人的防线附近转移，尽快送回桂林先进的战斗机基地。

第二天一早一架 B-25 轰炸机在简易应急机场降落。约翰·亚历森少校随机到达，来驾驶"我们的"零式飞机作首次飞行。亚历森飞行技术高超，是美国空军部队在中国的王牌飞行员之一。我站在机翼上俯身向亚历森少校介绍了飞机上各个操纵器的位置并告诉他如何识读飞机上的日本仪表，然后亲自把飞机开到砾石铺成的简易跑道的顶点。飞机上了跑道后，我马上同亚历森少校交换了位置，并祝他一路平安。我们在这里一分钟也不能耽搁，因为日本轰炸机随时可能出现，万一碰到这种情况我们就前功尽弃了。

B-25 的两只引擎一直没有熄火。我迅速跑过去，攀上收缩式舷梯爬进机尾枪炮手的有机玻璃舱，准备好照相机。起飞后飞机飞得很低，在零式机上空盘旋。这时候我们发现零式机的螺旋桨停下来了。B-25只好再次降落。我急忙跑到少校身边进一步告诉他动哪根操纵杆可以不让引擎再停下来。

亚历森加大油门准备起飞了，这一次引擎没有熄火。我身上的肌肉紧张起来……目睹零式机起飞，多么令人激动！但愿别出乱子。

零式机飞到桂林的消息传开了。几百名美军士兵排在跑道两侧。陈纳德将军来了，总统特使帕特里克·赫尔利也来了。机场上空，四架B-40战斗机在盘旋，担任警戒。按原计划我们乘的 B-25 在零式飞机之前着陆。亚历森用蜂音器向机场呼叫，等待着我的着落信号。当亚历森少校驾着飞机从低空慢慢掠过的时候，人群中爆发出一阵阵掌声和欢呼声。我见起落架已经放下，状况看上去很好才挥动绿旗示意准许着陆。

亚历森少校的飞机正以每小时60英里的速度进入跑道，这时大概是右边的起落架出了故障，他决定以一个轮子着陆。右边的起落架刚刚着地，右翼梢就碰上了砾石铺成的跑道，飞机突然旋转了一圈，甩落了左边的起落架，把螺旋桨的叶片、机翼和机身都扭弯了。飞机腹部满盛75加仑汽油的油箱被撞成了碎片。令人惊奇的是亚历森少校竟然没有受伤，飞机也没有爆炸起火。100号航空汽油溅满了跑道，飞机歪歪扭扭地滑到前面停下来，扬起了一阵浓密的尘烟。尘烟落下以后，陈纳德将军、亚历森少校和我对飞机残骸进行检查。一分钟不到我就找到了事故的原因：飞机起飞时跑道上有一颗小石子被螺旋桨卷起的一阵风吹进了右边起落架的机械装置，紧紧地塞在里面，使起落架装置里的齿轮没有卡住。陈纳德马上命令派人把毁坏了的飞机从跑道上拖开，并把它隐蔽起来。他的下一道命令是什么呢？我有点担心。然而，他却要我再一次把飞机装配起来。我根本没有想到他还会这样信任我。

我激发出极大的工作热情，从来没有那样卖力，每天干那么长时间。这不仅是因为当时急需这种飞机性能的资料，要根据它来制定战术，更主要的是因为陈纳德将军对我的信任。

正当我们全力以赴赶修这架飞机的时候，1942年的雨季来临了，我们飞行中队撤离了桂林。我和另一个军士没有走，和我们一起留下来的还有一个报务员和几个一直和我们一道参与这项工作的中国技工。就在任务即将完成的时候我累得病倒了，得的是斑疹伤寒、疟疾和黄疸综合征。附近没有美国军医，上面派了一架C–47运输机带着医生、护士，还有一个牧师来把我护送到昆明的驻地医院。到那里以后医生马上把我隔离起来了。我离开后，零式飞机的修复工作停了下来，陈纳德感到很着急，他不顾医生的意见，命令医院负责人说只要我自己感觉没问题就让我出来回到工作现场。大约三星期以后我就要求出院了。

我穿着皮毛夹里的航空服，身上裹着毛毯，躺在零式飞机旁边的帆布吊床上继续指导修复工作。又经过两个星期的紧张工作，飞机再一次做好飞行准备。这一次飞机从桂林飞往昆明的空军司令部，驾驶员是我们中队的指挥官格兰特·马奥尼少校。为了确保不再发生起落架事故，我们决定将轮子始终保持在下落位置。

450 空英里的航行顺利结束了。我仍然留在桂林养病。战斗机大队的指挥官霍洛韦给我来了一份电报：零式情况正常，等你回来再试飞。回到昆明以后我又对零式飞机作了一次全面的检查。

我们把这架零式战斗机同我们在中国的各种飞机进行比较，对它的各种性能作了测试和评估，于 1943 年 3 月 15 日完成了试飞任务。这时，华盛顿的美国空军总部发出命令，要把零式飞机运往美国，先到各大城市去推销战争债券，再送到俄亥俄州的达顿去接受国内技术情报组织的检查。

我乘上一架 B－25 轰炸机在零式飞机之前飞越过喜马拉雅山脉的丘陵地带和印度全境，经阿萨姆到达卡拉奇，途中在亚格拉和巴加尔普尔停了两次。零式飞机由马奥尼少校驾驶，从中国出发到达这个印度河三角洲西缘的港口着落，一路上没有美国飞机护航。在卡拉奇零式飞机被拆卸开来，然后装上货船经过澳大利亚运往美国。完成任务以后陈纳德将军给我发来一封电报，通知我到加尔各答基地的医院疗养一个月，要我好好休息一下。这是我几年来第一次休假。

目标台湾

在加尔各答休养期间我过得非常舒适。然而我总不能老住在里面，我感到很不安，一办完出院手续就搭飞机到中国要求分配新的工作。我离队期间我们中队的那些人都调回美国去了，部队换来了一批应征入伍的新兵，我得训练他们在实战条件下保养战斗机的技术。

1943 年 11 月底，这时由于中国南方的雨季，第 76 战斗机中队已经向北转移到了衡阳。在感恩节的前两天，我们一部分人突然被调到遂川，这地方在衡阳以东大约 120 英里，处在东南前线。一年来中国人在这里修建了一个临时简易机场。几百只 55 加仑的油桶由水牛拉的两轮板车穿过敌人的封锁线送到这里。桶上遮着稻草，保密工作做得很成功，不仅敌人没有发觉，连我们自己也不知道陈纳德将军有什么打算。

第二天晚上，简易机场泥石结构的跑道两边亮起了 20 支手电筒，一个由 15 架老式寇蒂斯 P－40 战斗机组成的飞行中队在机场降落。30分钟以后来了 18 架美国最新式的快速远程北美 P－51 野马式战斗机和P－38 闪电式战斗机。几分钟之内又有一队中型 B－25 轰炸机到达遂川——这些轰炸机上的飞行员都穿着黄色的救生马夹。所有这些情况意味着什么呢？飞行员们不知道，我们这些人也说不清楚。这次行动的指挥官是前飞虎队成员、王牌战斗机驾驶员希尔上校。

第二天是 1943 年的感恩节，天刚蒙蒙亮，P－40 战斗机离开临时机场向北飞去，其目的是为了迷惑敌人，提防有人向日本情报机构报告遂川发生的情况。30 分钟以后，所有的 P－51、P－38 和 B－25 一起出动，排着整齐的队形飞向东南方的台湾海峡。到这时我们才获悉这次行动的目标，明白了轰炸机飞行员穿救生马夹的原因。

这次飞行的距离很长，为了维持飞机回程所需的燃料必须走最近的路线。过了一小时又一小时，我们只能干着急，因为无线电报完全停了，没法跟踪了解这次突袭的进展情况。几年来美国侦察人员给陈纳德将军看了许多照片，那上面显示台湾机场集结了大量的战斗机和轰炸机。日本人知道台湾在美国 P－40 战斗机的航程以外，P－40 不可能为前去袭击的美国轰炸机提供高空掩护，因此他们把台湾当作"安全地区"。台湾有设施完备的大型机场，是日本飞机渡运南太平洋诸岛的中间整备区域。

由于目标太远，飞机的燃料可能不够，整个行动计划必须安排得十分周密。我们的飞机秩序井然，在确定的时间到达目标上空。

飞行员们发现日本战斗机和轰炸机翼梢接着翼梢，在跑道两边排成两行——这和起飞前简报上说的情况完全一致。当我们的 P－51、P－38 和 B－25 超低空掠过台湾海峡到达目标上空的时候，日本的雷达防御系统一点也没有察觉。这次奇袭进行得十分成功！最后有七架零式战斗机企图逃跑，但它们刚刚离开地面，轮子还没有收上去就被打了下来。

我们的飞机出发三个半小时以后，地平线上开始出现了一个个小黑点，越来越多，朝临时基地飞来。我们欢呼雀跃，数着一架架降落的飞机——全部安全返回！

1943 年感恩节晚上我们回到衡阳基地。陈纳德对这次行动非常满意，给我们发来了一份电报：谢谢你们大家，感恩节火鸡一天后送到。他派了一架 C－47 运输机载着从印度运来的火鸡来到衡阳基地，我们每个去遂川的人都如愿享有一份。

秘密使命

几年来我常同中国士兵接触，从他们那里学会了汉语，已经能够同他们在一起交谈了。因此我就被调到了第 5329 资源调查技术分队，这是美国中央情报局的前身——战时"战略情报局"属下的一个机构。我在那里干了 11 个月，作为各种两人行动小组的成员，我的任务不仅要报告日本人的动向，还要报告中国盟邦的情况。我们在敌人的防线附近或在敌后活动，每次出去的时间从一星期到一个月，时而乘船，时而坐车，时而步行。

有一次我和一个海军上校一起出去执行任务，我们扮成苦力的模样，戴着旧草帽，肩上挑着两筐草，专拣稻田间的小路往前走。一连好几天，路上找到什么就拿什么充饥，到了晚上就睡在附近的农舍里——这时候通常有身穿黑衣服佩着德国毛瑟枪的中国游击队在周围警戒。

我们的任务之一是用无线电报指挥飞机对日本人进行空袭。我们的吉普车内装有通讯设备，到目标附近我们就把车藏在茂密的竹林里，从这里观察敌人方面的情况。无线电发报机的电源来自一台手摇发电机，工作时我们当中必须有一人拼命摇手柄，这活比我们本身的任务累多了。根据我们在地面发出的无线电信号，飞机即使看不见目标也能及时地把炸弹扔在适当的位置，给敌人以致命的打击。

日本人一直把我们看作肉中刺，他们决心要消灭在中国的美国空军部队，加紧了对我们的军事行动。那次我们完成任务回来时，桂林基地已是一片焦土，我们的大部队撤走了，留下来的人正在破坏供应库、营房和跑道。

1944 年 10 月中旬陈纳德从昆明总部给我发来一份电报，要我立即去他那里报到。这时季风期已经来临，飞机在中国东部已没法飞行。战略情报局的长官好容易要到一辆吉普车和我一起向昆明撤退。桂林到昆明 550 英里，路还没有铺好，途中泥泞不堪，车子平均每小时只能走 15 英里。我们俩轮流驾驶，日夜兼程赶到第十四航空队总部，样子真是狼狈不堪。

一到那里我就被领进了陈纳德的办公室。陈纳德想了解一下东部前线的最新情况，并打算派我去华盛顿向战略情报局局长当面汇报。他还想让我取得委任成为一名军官，因为我掌握了不少第一手的机密材料。

谈话结束后陈纳德按铃叫来了他的助手。"这是纽曼军士长，"他对助手说，"我要他马上到华盛顿去向战略情报局局长杜诺万将军汇报情况，请你落实好他的行程。"

"将军，我知道纽曼军士长的情况，"助手犹豫一下，然后小声说道，"阁下，恐怕纽曼军士长还不能去美国，这不合法……"

"派他去美国究竟有什么不合法？"将军一声怒吼，拳头狠狠地落到桌上，把杯子里的茶水都溅出来了。他指示助手别理那官样文章，马上给我打印一道命令派我到华盛顿去执行美国空军第十四航空队总指挥官亲授的秘密指令。

"把命令送到这里，"助手转身出去时将军对他说，"军士长还在等着呢。"助手走后将军向我使了个眼色，说道："就该这么办！乘下一班飞机离开这里，免得夜长梦多。"

我搭乘的是一架寇蒂斯 C-46 运输机，机上载着锡和钨运往缅甸。机组人员告诉我，飞机将在 21000 英尺的高空飞行两个半小时，机舱内空气稀薄，呼吸到的氧气只能维持生命。他们让我穿上皮毛夹里的飞行服躺在那些金属块的上面，提醒我注意不要在航行中昏过去。

飞机起飞后我坐起来恋恋不舍地向昆明看了最后一眼，告别了美丽的昆明湖以及周围的群山和稻田，然后就失去了知觉。我苏醒过来的时候感到有一股湿润的带着丛林气息的新鲜空气进入机舱，发觉一个戴头巾的印度搬运工已经打开了货舱的大门，正目不转睛地看着我。经过三个小时的航行，我们已经飞越过喜马拉雅山脉，在阿萨姆的丁建着陆了。

一小时以后，我乘上另一架 C - 46 运输机离开丁建经亚各拉、卡拉奇、开罗和突尼斯飞往大西洋岸边的北非城市卡萨布兰卡。

1944 年 10 月 26 日 6 点 30 分，飞机在纽约拉瓜迪亚机场降落。一到华盛顿，我马上和"野人比尔"、第一次世界大战的国会荣誉勋章获得者、著名的杜诺万将军取得了联系。这位战略情报局长待人友好，不拘礼节，在他的办公室门口迎接了我。

我向杜诺万将军详述了我所观察到的中国空军的现状。他听得很仔细。然后杜诺万叫来了他的助手要他负责照顾好我在美国期间的生活，并吩咐他一定要让我获得军官的任职。另外，作为对我这次来美国的奖励，他还给了我一本预先签发好的空白通行证，一共有十张，每张为期三天，具体内容由我自己填写。

到美国六个星期以后我再次去见杜诺万将军。他告诉我一个不好的消息：尽管根据陈纳德将军的要求，国防部尽了很大努力，我还是没有获得美国军官的资格，因为当时我在法律上还算一个敌侨。杜诺万将军说他将继续想办法扭转这种不合理的局面。对他说的话我并不抱希望。我感到很失望，但必须面对现实，因此给陈纳德将军写了封信要求他把我召回中国。

入籍美国

1945 年 5 月的一天，我收到了我去美国时结识的女朋友克拉丽斯从华盛顿发来的一封电报：谨贺国会今天采纳国籍法提案。我根本没有想到，比尔·杜诺万将军会说服众议院军事委员会的纽约州议员安德鲁斯提出修改国籍法的议案，从而取消了对我这种人入籍的限制。

8 月 7 日早上 4 点，我被帐篷外几个士兵的喧闹声吵醒。我喊这些家伙住嘴让我睡觉，他们当中有个人来到我住的帐篷旁边，在蚊帐外面轻轻对我说："真的，军士长，我们在广岛投了一颗炸弹，敌人垮了！"三天以后传来了更为惊人的消息：又一颗威力惊人的炸弹投在另一个日本城市长崎。此后不久我们就收听到了新统帅哈里·杜鲁门总统的广播讲话："战争结束了！"这时，日本已经投降了！

1945 年 8 月 18 日我告别了我的第二故乡——中国。我是第十四航空队的首批返美人员。我们先到卡拉奇，再从那里乘船回美国。卡拉奇港口附近的沙滩上正在搭建一座座帐篷，成千上万的美军士兵在那里集中，高音喇叭 24 小时不停在喊着部队的番号和人的姓名，报着那些即将登上第一艘部队运输船返回家乡的人的军号。港口里已经停着一艘"凯旋"轮——原来是条货船，正在改装成部队运输船用来乘载 5000 名士兵和 200 个护士。

23 天以后我们翘首盼望的时刻来临了。破晓前大家就起来了，跑上顶舱挤到沿栏杆的地方，以便观望轮船进入纽约港时的情景。这时候，在我们船头左右舷的栏杆上，已经扣上了两条红底金字的横幅：中、缅、印战区首批归国部队。

在新泽西迪克斯堡退役中心站，每个士兵可以免费向国内的任何地方打一次电话，还可以得到一笔返程费——从迪克斯堡到自己应募入伍的地方每英里 5 美分。轮到我领取返程费的时候，支付钱款的军士感到很吃惊，他还以为自己听错了：从迪克斯堡到中国桂林 10000 英里？"不可能！"

他叫来了一位少校。这少校倒有办法，作出了一个所罗门式的决定："要么让我们把你送回中国，要么你就在美国挑个地方定居下来，我们付给你到那里的旅费每英里 5 美分。"

我免费打到华盛顿的电话使我很失望：克拉丽斯的伙伴告诉我，她到布宜诺斯艾利斯去了。"没有，她没有给你留下音信。"那人这样对我说。

来来往往打了几份电报以后，克拉丽斯在 1946 年 10 月乘飞机回到了美国。从机场接她回来的路上，我们的汽车里有两只香蕉，正好一人一只。又见到了克拉丽斯，我说不出心里多么高兴，激动得有点手足无措，结果把剥开的香蕉扔掉了，手里却拿着一块皮。48 小时以后我们就宣布结婚了。

一个投身中国抗战的奥地利人

王傅文

　　中国人民的抗日战争，曾赢得了世界各国人民的同情与支持，有不少反法西斯战士还直接加入到中国人民的抗日行列，并作出了特殊的贡献。奥地利著名泌尿科专家罗生特，就是突出的一例。

　　罗生特，1903 年 1 月 1 日出生于奥地利的加里西亚梭堡，1923 年考入维也纳大学攻读医学，1927 年毕业，次年即获医学博士学位。他的父亲因富于正义感，民族意识强烈，惨死在纳粹集中营里，也正是在父亲的影响和欧洲工人革命运动的推动下，罗生特加入了奥地利社会民主党，并积极从事爱国反帝斗争。1932 年 5 月，他被奥地利当局以"参加反政府组织"的罪名逮捕，坐了一年零两个月的牢。20 世纪 30 年代后期，德国纳粹阴谋策划吞并奥地利，罗生特又投入反德国法西斯的地下斗争，并资助遭受迫害而逃亡奥地利的德国反法西斯人士，由此受到法西斯分子的密切注意，于 1938 年 6 月将他关入布痕瓦尔德集中营服苦役。

　　在阴森恐怖的集中营里，罗生特及难友遭到了法西斯分子的残酷迫害。有位难友因病扛不动石头，即被监工拳打脚踢，面部流血不止。罗生特不顾一切地扑上去，撕下囚衣为难友包扎，此举更激怒了纳粹党徒，当场用皮鞭将罗生特抽得遍体鳞伤。罗生特在集中营的多次酷刑审讯中，两根肋骨被打断，一个肾脏和一条胳膊被打坏，还被敲掉了几颗牙齿，但他始终没有向法西斯分子屈服。几个月后，因证据不足，法西斯分子不得不将他释放，但勒令他两个月内必须离开奥地利，永远不得回国。

罗生特从进大学读书起，就比较关心时事，对中国有所了解，知道中国的孙中山和北伐战争。日本侵华战争爆发后，他对中国人民的抗日战争十分同情。当他离开集中营时，纳粹党徒冷笑着问他有什么打算，罗生特理直气壮地回答说："我要到中国去，从事医务，实施人道主义！"纳粹党徒听罢，严厉地警告罗生特："如果你再做有损我们的事业，就是逃到天涯海角，我们和盟友都会把你送上绞架！"但恐吓未能使罗生特去中国的信念产生丝毫动摇。

1938 年冬，罗生特告别了亲友，从欧洲辗转来华。他考虑到中国上海是著名的国际商埠，外国人可以自由出入，便决定定居上海。在上海，他看到广大人民群众衣不蔽体，食不果腹，更缺医少药，就用妹妹从英国寄来的生活费，与一名同在德国集中营共难的朋友合作，在上海法租界内开了一家诊所。开业后，登门求医者络绎不绝。他为穷苦人诊疗时，从不计较诊金和药费。在上海时间不长，他耳闻目睹了日本侵略军的横行霸道，深切感到东西方法西斯是如出一辙，自己解除不了中国人民真正的苦痛，中国人民面临着比疾病远为深重的灾难。

有一天，罗生特从一位曾在新四军中做过考察的朋友那里了解到，在中国共产党的领导下，上海外围的省份已掀起了广泛的抗日斗争，并建立了抗日根据地。当他得知，在残酷的斗争中，新四军和根据地人民医药奇缺，伤病员往往得不到及时的医治，遂暗下决心，投奔新四军，为中国抗战做贡献！1941 年春，罗生特在上海结识了新四军卫生部的沈其震。当沈向他详细介绍了苏北根据地的情况后，他兴奋不已，当即要求沈带他到苏北去工作。不久，在新四军驻上海办事处的秘密安排下，罗生特装扮成德国传教士，带着一大箱医疗器械，随沈其震离开上海，巧妙地通过日伪岗哨的数次盘查，于 1941 年 3 月 21 日顺利抵达新四军军部驻地苏北盐城。

罗生特一到盐城，新四军军长陈毅、政委刘少奇即赶往军部招待所亲切地会见了他。数日后，新四军卫生部、抗大五分校、鲁艺华中分院特地举行了隆重的欢迎大会，陈毅军长在欢迎词中说："新四军的事业是正义的，而正义的事业总是会得到人们的培养和支持的。这种支持是没有国界和人种的区别的。罗生特先生前来参加新四军，这在苏北是第一个。"华中中共机关报《江淮日报》还于 3 月 25 日刊载了《国际友人罗生特访问记》和《国际名医罗生特参加新四军工作》的报道。

罗生特到盐城后，新四军军部将他安排进新四军总部医院，后又聘请他担任新四军卫生部的顾问。

由于新四军的卫生机构在皖南事变中遭到国民党反动派的很大破坏，各部队医务人员奇缺。罗生特了解这一情况后，认为尽快培养医务人才是当务之急，便向新四军领导人提议开办培训学校。陈毅军长对此十分赞同，并亲自出面筹措，不久即建成了"华中新四军卫生学校"，第一批招生 50 余名。学校开学后，罗生特定期到学校上课，从医学基础理论、生理解剖、内外科、药理、护理等到战时救护，都精心讲解。在他的传授下，很快培训出一批出色的新四军医务人员。

罗生特无论在门诊室里还是在手术台上，都是极端负责的。他常对同志们说："做一个好医生，只有高明的医术还不行，应该有鹰一样锐利的眼睛，音乐家的耳朵，以精确的观察去认识病人，辨别病情；要有一双灵巧的手，手术时才能缩短时间，并尽量减轻病者的痛苦；还要有戏剧家的嘴巴，以明快的语言去安抚病人，减轻病者的精神痛苦。"有一次，军部机关一名战士左脚踝受伤，两天后，整个左腿青紫肿胀，伴随全身发寒热，军部医生怀疑是破伤风，决定施手术将整个左腿截掉。待准备工作就绪，刚要动手术时，恰巧罗生特巡诊回来了。他不放心，又对病人做了认真检查，而后认定军部医生诊断草率，无须锯腿，当即采取措施，很快控制了病情。一个月后，这个战士果然康复出院，他逢人就说："是罗大夫给了我一条腿。"

在新四军军部转移至阜宁一带时，罗生特还热心地为当地群众服务。农民李士芳有个八岁的男孩患了血吸虫病，经罗生特数月精心治疗，终于恢复了健康。阜宁羊寨区儿童团有四个孩子患了"大腮巴症"，罗生特为他们做了治疗，并教给小朋友们许多卫生知识。

罗生特除了替苏北广大军民服务外，还常常奔走于华中新四军各部队之间巡诊，解决疑难病症和进行战时救护工作。当时，新四军第三师驻阜宁陈集，第四师驻洪泽湖畔半塔集，第二师驻淮南大柳营一带。由于日伪占据了苏北的主要交通线和重要城镇，新四军军部与各师师部实际上处于被阻隔状态，罗生特若从军部去二师、四师，必定要越过敌人设下的道道封锁线和许多据点，很不安全，更何况这一带又是水网地区，交通极为不便。但是，罗生特不管是在炎热的夏日，还是寒冷的冬天；不管是暴雨滂沱，还是大雪纷飞，只要是伤员、患者需要，再苦再累都在所不辞，频繁往返于各个驻地。罗生特患有心脏病和严重的夜盲症，在集中营留下的伤疾也时常发作，但一接到任务，他便马上准备好医疗器械，揣上点儿干粮，带着警卫、翻译和护士，骑马或乘小船出发；只要听说有地方在进行战斗，他也总是说服领导，奔赴战地，冒着枪林弹雨和生命危险去火线救护伤员。

1943 年 4 月，陈毅军长得知山东军区政委罗荣桓患肾脏病，于是邀他来苏北请罗生特诊治。经过罗生特的认真检查和积极治疗，罗荣桓的病情很快好转，但罗荣桓急于返回山东工作，陈毅无奈，决定派罗生特陪同赴鲁，护理罗荣桓，罗生特愉快地接受了任务。到山东后，罗生特被任命为八路军第一一五师卫生顾问，又忘我地投入了紧张的工作。

1943 年 11 月，八路军在山东滨海区发动对敌攻势，罗生特带领医护人员在离前线不远的村庄紧张地抢救伤员，一连做了几十个手术。刚走下手术台的罗生特头晕眼花，腰也直不起来了。可当他听说一位指挥员在前线负了重伤时，便毫不迟疑地翻身上马赶去。到达目的地时，由于过度疲劳和一路颠簸，罗生特出现了心脏病发作的征兆。但为了抢救伤员，他喘着粗气，强忍着心脏不适，争分夺秒地实施手术，终于使这位指挥员转危为安。

有一次部队急行军后，罗荣桓的旧病复发。治疗时，由于设备不全，不能验血，罗生特依据丰富的经验，用多种方法从验尿中判断病情，并不时将耳朵贴在罗荣桓胸前仔细听诊，一番认真治疗后，再次使罗荣桓脱离了危险。

1944 年初冬的一天，罗生特正在一所茅屋里为一位八路军指挥员做手术。突然，数架日机飞来，一阵狂轰滥炸，屋顶被震得"吱吱"作响。大家担心地劝他暂停手术，撤到附近山谷去隐蔽，但他却镇定地说："手术不能拖延，抢救病人要紧！"

罗生特在苏北根据地时，与新四军军长陈毅一起工作、生活了近两年，他们之间结下了深厚的友谊。陈毅从各方面关心和爱护罗生特，指示供给部门给罗生特以特殊的优待。苏北抗日根据地的物质条件很差，新四军指战员吃的是玉米、山芋干等，而供给部门专门配给罗生特一定数量的大米和面粉；知道他有吸烟的嗜好，又给他增加了适当的津贴。部队一旦从敌人手中缴来香烟、咖啡、食品罐头等，陈毅也总是马上派人给罗生特送去。

对于陈毅军长的百般关怀，罗生特十分感动，但对给予他的特殊待遇总是不愿意接受。他对供给部的同志说："我来这里是帮助消灭日本法西斯的，不是来享受的。"平时，他坚持和新四军战士一同睡地铺、吃杂粮，行军中，他总是把马让给伤病员或体弱的同志，自己徒步行走。见到有的战士身体虚弱，他则将节省下来的津贴拿出来买营养品送给他们。环境的恶劣，生活的艰苦，工作的劳累，使罗生特身体消瘦许多。陈毅见状很是心疼，向他表示歉意。他却说："我能在新四军这样一支伟大的部队里工作，为中国同志服务，苦和累算不了什么，我感到十分快乐！"

1943 年初，在陈毅司令员和刘少奇政委的亲切关怀下，中共中央华中局根据罗生特的要求和表现，批准罗生特为中共特别党员。

1943 年 4 月，罗生特在赴山东敌后时，陈毅与罗生特作了彻夜长谈，并设宴送别。其后，罗生特转战山东、东北等地，积极投身中国人民的解放事业，直至全国解放。1950 年，罗生特返回奥地利，正当他准备投入新的事业时，却因心脏病发作，在维也纳溘然长逝。与他在中国抗战中结下了深厚友谊的陈毅同志和了解他的中国军民无不感到悲痛。

岭南"英军服务团"创建经过

[英] 埃德温·赖德 著　黄艳嫦 节译

太平洋战争爆发后，香港志愿兵自卫团海军陆战队中校林赛·赖德带领部分被俘官兵逃出日军集中营，他们依靠中国抗日部队及地方抗日游击队，在岭南创建了一个军事情报地下组织——英军服务团。他们以设法援助被日军囚禁在集中营内的战俘逃离虎口、投奔中国为主要任务。本文介绍了该组织在创建过程中的一些主要情况。作者系赖德中校之子，全文节译自作者所著《英军服务团——1942 年至 1945 年香港抵抗运动》一书。文中标题为译者所加。

在岭南建立组织的构思

1942 年初，香港原志愿兵自卫团海军陆战队中校林赛·赖德从深水埗集中营逃亡出来，几经艰辛逃离日寇魔掌，到了中国，辗转抵达重庆。对此，他深有感触：当初落入敌人手中，囚禁在集中营内，与其他所有战俘一样，与外间隔绝，一无所知。一俟逃离集中营，意想不到在新界即得到中共游击队的帮助，安全离开，投奔中国。由此他产生了援救集中营内大批战俘的愿望。他向英国驻华大使馆武官格里姆斯代尔递交了一份具体计划，建议在岭南建立一个"地下军事情报组织"。这个组织的主要任务就是设法援助那些被日军囚禁在集中营内的战俘逃离虎口，投奔中国。为了保证这些行动万无一失，当务之急就是要向集中营内的战俘传递情报信息，供给他们急需药品；他们一旦逃出来后，及时接应他们，并给予救护治疗及安置……

计划中按赖德设想：该组织应作为大使馆武官办事处的特别支部，归赖德指挥，工作人员不管是华籍或英籍，他都有权随时调动。至于该组织后方指挥部的地点，他建议设在粤北曲江，因为那里正是中国第七战区司令部所在地。赖德逃离香港准备前往重庆时，曾途经曲江，并待过几天。曲江距广州 120 英里（按原著记述），是粤汉铁路线上一个重要的车站。同时他还建议：在粤东惠州一带建立起各种前方救援站。这些救援站由许多医疗队组成，以医生及护理人员为骨干，以巡回医疗方式出现，争取当地人的信任和好感。但真正目的应是为香港逃亡战俘与难民得到必要的帮助及治疗。当时要到日占区香港，必须通过粤东地区及九龙新界，因而赖德认为在这里的各种英国人组织、国民党军队以及在这一带活动的中共游击队紧密协作，共同建立起一个既准确而又迅速的通信网络是非常必要的。除此还应设立银行、商店、交通运输与通信等必要的技术性服务机构和行政管理机构。

拜会蒋介石与夫人

英使馆武官格里姆斯代尔对赖德这份计划表示赞赏，在他积极支持下顺利争取了英国驻华军事代表团总指挥兰斯·丹尼斯少将的同意，将计划同时分送中、英两国有关当局批准。

　　格里姆斯代尔将赖德计划的基本内容向印度新德里的英国总部发电报请示，并申请筹办经费。他很快便接到韦维尔将军从新德里来的复电，原则上同意了这个组织的成立，但对于计划中提出给予人员、运输工具、武器及无线电通信器材等的要求，却表示爱莫能助。

　　至于中国当局，武官则请大使亲自出面一次。

　　于是，格里姆斯代尔与英国驻华大使霍勒斯·西摩爵士一起前往拜会蒋介石。蒋介石在夫人的陪同下接见了他们，宋美龄亲自为蒋介石当翻译。格里姆斯代尔从人道主义的角度向蒋介石介绍赖德这份计划的设想，他边介绍边察言观色，说话小心谨慎。鉴于国民政府对香港政局比较关注，为了消除中方顾虑，武官向蒋介石作了保证：这个组织绝不会进行政治性活动。并解释：由于要同香港取得信息联系，不得不通过共产党控制地区，而且不得不跟中共游击队（东江纵队）建立友好关系。并进一步表示：如不放心，中统局局长戴笠可以对这个组织进行监督。

　　蒋介石与宋美龄用中国话简短交换意见后，认可了这个计划。西摩爵士与武官格里姆斯代尔均有同感，认为蒋介石已经作出了很大让步，似乎不想再与英国人过不去。这次拜会达到预期目的，全赖蒋夫人为他们帮腔劝说委员长。当他们告辞步出大厅时，还听到蒋夫人在那里对蒋介石说："您必须尽力帮助这些可怜的战俘，只要想起他们在集中营里受罪的情景，我心里就难过。"

在曲江建立后方指挥部

　　1942 年 2 月底，奉武官格里姆斯代尔的命令，赖德返回岭南，按计划着手筹建工作。3 月 2 日返抵曲江，月台上人头攒聚，大家在迎候着他的来临。他们当中，不少人是得到救援而得以逃离香港的战俘，有些却是香港沦陷之际由于军队的协助而获逃生者；而其中人数最多者是香港逃出来的中国难民。他们普遍缺衣少食，一贫如洗，当中很多人还带着家眷，扶老携幼。赖德马上意识到，他在筹建中的这个组织将要面对的压力：不仅是有关军事上的问题，还面临着许许多多老百姓亟待解决的问题。

赖德首先从这两个行列中吸收部分人作为早期成员，当中有六位是香港特别行动委员会称作"Z"部队的军官。这个组织在日本侵占香港时成立，主要是在背后袭击日寇及进行破坏。沦陷后，他们六位逃到中国来，并曾在中共游击区里参加抗日武装斗争。国民政府对他们留在岭南继续抗日有点忌惮，担心他们会向共产党提供资金、弹药、武器装备或军事训练，故下令把他们驱逐出境。仅有三位侥幸获准留中国，第一位是原海军上将陈策爵士属下的鱼雷快艇队一名英国皇家海军上尉何文礼；第二位是原香港教育司署物理科督学，后成为海军上尉的 C. M. 麦克尤恩；第三位是海军士官 E. M. 霍尔罗伊德。太平洋战争爆发时，何文礼已经是香港行政机构的见习文员，他学会了广州话，准备到辅政司任职。他自加入"Z"部队后，由于对敌斗争英勇而崭露头角。香港沦陷后两天，霍尔罗伊德带了一支海军从香港北角集中营逃跑出来，到了曲江后他才加入了"Z"部队。他们三人都一起加入了赖德的组织，从事救援香港难民及逃亡战俘工作。

这个组织的办公地点，最初几周设在曲江卫理公会医疗代表团的河西医院内、赖德本人的卧室里。赖德是以该医院负责人摩尔医生的客人身份住进去的。不久，办公地点挪到江上两艘画舫上。常人观念，画舫是些不正经的地方，而赖德却以此作为临时指挥部。一艘画舫辟作办公室，另一艘为卧室兼作餐厅与接待室。

赖德之所以选择曲江为这个组织的指挥部，因为抗战时曲江是广东省省府所在地，亦是中国第七战区司令部所在地，属余汉谋将军所统辖，工作比较方便。原香港大学同僚朱礼传（译音）将军出面与第七战区司令部协商，通过这些关系从而获准建立指挥部。

在惠州一带建立前方救援站

赖德征得武官同意，第二步把工作重点拟转移到惠州去建立前方军事指挥部。因为那里毗邻香港，在这前沿地区建立医疗救护站，以此公开的机构掩护营救战俘与难民的工作。这样，一方面通过医疗救护站收容从香港逃亡出来的人员，给予照顾并护送去惠州；另一方面拟在毗邻香港一带地方设立情报信息网络，方便与香港保持联系，为日后策划大规模行动，如迫使当局释放战俘、救济香港难民等等，打下基础。

曲江后方指挥部仅有的一名军医李汝标（英文名：弗朗西斯，Francis Lee Yiu Piu），他成为建立前方救援站计划的一位关键人物。他原籍广州，从香港逃亡出来时曾与共产党联系过，他是一位医术高超的大夫。除此，仍需有一支优秀护理队伍才行，赖德为此拜会了流落曲江的广州红十字会会长王民医生，请求他派出地方医疗队支援李医生。广州红十字会组织曾遭日军严重破坏，故红十字会虽拥有较高素质的护理人员和充足的药品，惜欠缺医生、资金和活动计划，因此他一口答应调三个医疗队给赖德。

由于事事均须与有关方面磋商，而又是不那么顺利，赖德只好继续留在曲江，无法按预期计划抽身前往惠州。他幸亏得到一位香港商人李狄克先生的帮助，临时代替他前往惠州筹建前方基地，协同当地军队指挥部门，建立各前方救援站及与香港联系的秘密交通道。3 月 26 日，李狄克与李汝标医生一起离开曲江前往执行任务。他们要完成的首项任务就是动员一些专业医生逃离香港，加入他们的队伍。接着要完成的任务是：香港沦陷时，曾经从日本人手中夺回一批医药用品，隐藏在香港某地方，现计划把这批药品偷运出香港。不久，一位印籍原军队医疗所所长 R. D. 斯克里夫请求加入他们的医疗组织。他是在这一年 2 月 2 日与另外两名战俘一道逃离深水埗集中营来到中国的。赖德派他去惠州，主持那里的医疗基地。

逃离虎口，投奔"服务团"

这时候，陆续有人从香港集中营逃出来，到达曲江。其中有位普里斯特·伍德·格温太太，她与香港警署的 W. P. 谭臣一起从香港斯丹尼集中营逃出来。她携带着一份囚禁在该集中营内的英国人名单，声称这份名单不轻易给任何人看，除非英国驻华大使或蒋介石夫人，但最终她还是给赖德看了。谭臣自告奋勇从惠州前往大鹏湾游击区去，他制订了一份秘密计划，准备陆续将斯丹尼集中营内的难民营救出来。国民政府强烈反对谭臣到游击区去，并迫使英国使馆违心地同意中国把谭臣驱逐出境。本来与国民党打交道比与共产党打交道更为困难，谭臣事件导致与国民党的关系更僵了。

这时，一支来自香港政府各部门的逃亡队伍来到了曲江，其中三位青年军官：香港志愿兵自卫团中士 L. S. 怀特、J. L. C. 皮尔斯、D. I. 鲍赞克特。他们是在 4 月 11 日从深水埗集中营逃出来的。逃跑是经过长时间的策划，方式也很巧妙。他们利用集中营内高级军官起来反抗，转移了营中日军视线的时候，趁机顺利逃出来。他们逃跑时是通过下水道出港口，翻过一道常有日本哨兵巡逻的海堤，然后下水游泳约 800 码距离，才到达登陆地点。据记载当时情景是："……一位助手站在下水道入口处，下水道的洞盖稍微打开一点，这位助手提着一条系着砖头的绳子，他根据日本哨兵的巡逻动向而牵拉绳子，敲击洞盖发出信号，让下水道里逃跑的人们听到，敲一下表示危险，敲三下表示可以前进。另外一位同伙安排在快乐大厦的阳台上显眼之处拉手风琴，他利用所弹奏的曲调来暗示哨兵的动向，当他拉《快乐的日子常在》这首曲时，暗示逃跑的人可以前进，若拉《暴风雨的季节》那首曲，便表示'有危险，须注意'的意思。"

这支逃出来的队伍，在九龙山头上躲藏了三天，才跟新界西贡的游击队联系上。他们也和赖德那些人逃出来时一样，西贡的游击队用帆船把他们运载至大鹏湾，然后从那里步行去淡水，再前往惠州。

"英军服务团"名称的确定

英使馆武官格里姆斯代尔因要和中国第七战区司令部磋商赖德这个组织的计划，亲自到曲江视察。随行的还有乍甸洋行董事约翰·凯瑟克，当时他是曲江英使馆首席秘书，他以英国战时经济大臣身份掩护其英国特别行动委员会会员的面目。格里姆斯代尔通知赖德：伦敦作战部已原则上批准了他的计划，他的组织归曲江英使馆武官管辖，作为这个组织的上司格里姆斯代尔则以英国军事情报机关新德里总指挥部主任身份履行其权力。最后，他还告诉赖德，英国驻华军事代表团拟另派一位武官来担任这个组织的指挥官。至于赖德在这组织中的身份、职务，却一直悬而未决，致使他的工作无形中增添了许多困难。

直至格里姆斯代尔即将离开曲江返回重庆前，才把一份手写复写副本的任命书交给了赖德签字，正式任命他为第九军事情报处驻华代表，正式承认了赖德的海军陆战队中校官衔。文中规定，赖德这个组织的工作目标是：把关在香港战俘接待处的战俘集中营内香港英国陆军、海军以及皇家空军的官兵，不论英国人也好，或印度人、中国人、美国人还是荷兰人也好，一律营救出来。其中提到，要设一名情报官员负责搜集、整理和传播各种情报信息，其中首要的任务就是编制各种情报资料，提供给野战人员进一步组织动员集中营内的战俘陆续逃出来。除此，还需要积极收集关于香港本地及其周围各方面更为广泛的信息资料，尤其是当前日本人的活动记录。"这些记录对以后把日本侵略者从香港撵出去时用得上。"任命书上同时还要求赖德把整理出来的情报编成定期摘要寄给重庆，比如有关日本人的航空活动的重大情报要及时发电汇报。其中提到，下一阶段有可能的话便组织一个范围更广的情报网，包括来自其他较远地方的情报，如广州与澳门，甚至建立沿海监视网。

任命书中明确规定，赖德及其组织的全部活动必须照会中国当局，同时，他们工作上所取得的任何胜利都只能算在中国当局的功劳簿上。格里姆斯代尔表示，他已要求朱礼传将军提供一名中国参谋官作为这个组织的参谋。不久，中国派出一位国民党军官黎元龙（译音）少校来担任英军服务团的联络官。在太平洋战争期间，他大部分时间都在英军服务团惠州最高指挥部工作，成为该组织一位举足轻重的成员。他由于参加了英军在华南的抗日斗争，而胜利后获得了一枚英帝国勋章。

赖德名正言顺地受任后，第一桩事就是要给这个组织命名。到底取什么名好？是颇费踌躇的，它既要使日本人听不出味来，而又要使中国人、英国人及美国人听来感到有意义。同时，因为这批英国军官在华南活动，本来已引人注目，故其所取名称绝不能让人识破所从事的隐蔽活动与秘密活动，只能取一个反映其公开活动的名称，尽量避开别人的注意，省得惹来许多不必要的麻烦。赖德经与中国当局磋商之后，就给这个组织定名为"英军服务团"，而它的英文名称是根据中文直译过去的。5月21日这天，赖德写信通知朱将军，他的组织已决定取名为"英军服务团"。赖德还请求余汉谋将军，待他们拟好工作计划后，才把名称批下来。就在同一天，余将军亲自答复了，告诉他们已签署同意，并拍了电报通知重庆国民党军事委员会。组织定名之后，赖德又为服务团成员佩戴的团徽进行构思，他选择一种鲜红色海生植物作为英军服务团的标志。

"英军服务团" 在秘密行动

连续几个星期来，工作进展迅速，根据地在惠州建立起来了，前方救援站开始活动。至于英军服务团成员如何与香港战俘集中营取得联系，如何动员香港医生，告诉他们目前很需要他们前来中国，投身到抗日医疗服务工作，这个计划也拟订出来了。英军服务团曲江指挥部组成了野战情报组与野战行动组，其代号分别为"FIGS"和"FOGS"。然而赖德等人要求前往惠州的申请，第七战区司令部一再拖延不作答复。据透露，影响批准的主要障碍是由于英军服务团里面混有英国特别行动执行委员会会员。最后，第七战区司令部终于批准了申请，但同时提出，英国特别行动执行委员会全体成员要停止他们在中国的组织活动，而英军服务团的计划执行要放慢一些。

曲江和惠州英军服务团向来自香港的战俘与难民开始详细了解，并着手绘制一份关于香港集中营内外实况图，图中标出日军的部署与番号。据他们估计，日本人会大量增设防御措施，以防止更多人逃跑。有迹象表明日本人正准备把战俘转移去我国的台湾或日本。从1942年4月初以来，多次策动战俘逃跑均失败。看来必须设法掌握集中营内的情报，同时，刻不容缓要替逃跑的人想出一种严密的行动方式。鉴于通过海上逃跑的行动把握性较大，有必要在广东东南沿海建立一个接应网络。

一个英军救援组织正在惠州开展活动的消息传到香港，对集中营里战俘所引起的反响，正如战后香港《南华早报》（1946年1月15日）一位编辑在其撰文"英军服务团"中对当年的忆述：

　　香港刚沦陷时，我们情绪非常悲观失望。然而不久，我们开始感觉得要振作起来，并以盟军很快便会打回来的信念而自慰。而后，我们获悉英军服务团成立消息之前，我们认为自己已被抛弃了，故而沉浸在痛苦中。可是却意想不到朋友们像奇迹般出现，并团结在我们周围，向我们召唤，我们真是如释重负。无疑，由于我们响应的行动缓慢，致令他们迫不及待地冒着危险接触我们。他们采取了各种行动，经历了许多险阻，比如帮助我们恢复体力并营救我们逃脱出去，他们所做的工作几乎是无懈可击的。本来我们不清楚有个什么"英军服务团"的，直至那时我们才恍然大悟，香港人是处在环形防线之中，我们压根儿没有被抛弃过。

图书在版编目（CIP）数据

洋人生活在中国／刘未鸣，韩淑芳主编．—北京：
中国文史出版社，2019.6

（纵横精华．第四辑）

ISBN 978 - 7 - 5205 - 1381 - 4

Ⅰ. ①洋… Ⅱ. ①刘… ②韩… Ⅲ. ①中国历史—史
料—民国 Ⅳ. ①K258.06

中国版本图书馆 CIP 数据核字（2019）第 228685 号

责任编辑：金硕　胡福星

出版发行：**中国文史出版社**

社　　址：北京市海淀区西八里庄 69 号院　　邮编：100142

电　　话：010 - 81136606　81136602　81136603　81136605（发行部）

传　　真：010 - 81136655

印　　装：北京新华印刷有限公司

经　　销：全国新华书店

开　　本：787×1092　1/16

印　　张：13.75

字　　数：170 千字

版　　次：2020 年 1 月北京第 1 版

印　　次：2020 年 1 月第 1 次印刷

定　　价：40.00 元